Däumler · Leitfaden zur Investitionsrechnung

Leitfaden zur Investitionsrechnung

mit Beispielen und Lösungen
Checklisten und Tests
Formularen und Tabellen

Von
Professor Klaus-Dieter Däumler

VERLAG NEUE WIRTSCHAFTS-BRIEFE
HERNE/BERLIN

CIP-Titelaufnahme der Deutschen Bibliothek

Däumler, Klaus-Dieter:
Leitfaden zur Investitionsrechnung : mit Beispielen und Lösungen ; mit Checklisten und Tests, Formularen und Tabellen / von Klaus-Dieter Däumler. - Herne ; Berlin : Verl. Neue Wirtschafts-Briefe1990
ISBN 3-482-44691-1

ISBN 3-482-44691-1-1990
© Verlag Neue Wirtschafts-Briefe GmbH & Co., Herne/Berlin, 1990
Alle Rechte vorbehalten.
Dieses Buch und alle in ihm enthaltenen Beiträge und Abbildungen sind urheberrechtlich geschützt. Mit Ausnahme der gesetzlich zugelassenen Fälle ist eine Verwertung ohne Einwilligung des Verlages strafbar.
Druck: Druckerei Plump KG, Rheinbreitbach.

Vorwort

Die Investitionsrechnung dient als Entscheidungshilfe bei betrieblichen Investitionen. Bei bundesdeutschen Großunternehmen ist es üblich, mehrere Investitionsrechnungsmethoden (durchschnittlich drei) nebeneinander einzusetzen, um so zu einem abgerundeten Gesamtbild der Investition zu gelangen. Die Investitionsrechnung wird dabei in aller Regel in einem speziellen Investitionsrechnungsformular erstellt. Deshalb besteht das Ziel dieses Buches darin, daß Sie, liebe Leser, kenntnisreich mit einem solchen Formular umzugehen lernen. Sie finden in den Kapiteln 1 bis 6 alle Informationen, um mit dem auf Seite 136/137 abgebildeten Formular zu arbeiten, d. h., die Daten einer Investition aufzubereiten, sie mit Hilfe des Formulars durchzurechnen und die Ergebnisse zu interpretieren. Der Lehrtext ist in sechs Kapitel gegliedert:

- Grundlagen der Investitionsrechnung,
- Kapitalwertmethode,
- interne Zinsfuß-Methode,
- Annuitätenmethode,
- Amortisationsrechnung,
- Investitionsrechnungsformular.

Beim Gang durch den Lehrtext unterstützt Sie das Buch durch zahlreiche Beispiele, Abbildungen und Übersichten und vor allem durch gezieltes Weglassen. Sie finden keine Zeile über irgendeinen Theoriestreit. Sie finden nur solche Informationen, die Sie benötigen, um im praktischen Fall den Kapitalwert auszurechnen, den Effektivzins zu ermitteln, den durchschnittlichen jährlichen Überschuß zu bestimmen, die Amortisationszeit zu errechnen. Das Buch ist daher durch zwei Punkte gekennzeichnet: Kürze und Praxisnähe.

Es eignet sich vor allem für Leser, die sich rasch umsetzbare Kenntnisse aneignen möchten, und wendet sich besonders an Praktiker in der DDR, wo die Schnelligkeit des Wissenstransfers eine große Rolle spielt. Es eignet sich für das Grundstudium an Hochschulen, Berufs-, Wirtschafts- und Verwaltungsakademien und spricht neben dem Wirtschafter auch den betriebswirtschaftlich interessierten Ingenieur oder Techniker an.

Sie können das Buch ohne besondere mathematische Vorkenntnisse durcharbeiten. Das für die Investitionsrechnung nötige Mindestmaß an Finanzmathematik wird im laufenden Text erläutert, und zwar stets an der Stelle, an der die jeweiligen Techniken benötigt werden. Zur Durchführung von Investitionsrechnungen sind meist auch die Werte bestimmter finanzmathematischer Faktoren erforderlich. Diese finden Sie im Tabellenanhang ab Seite 160. Falls darüber hinaus zur Bewältigung praktischer Fragestellungen umfangreichere Tabellen benötigt werden, sei auf die im Literaturverzeichnis genannten Tabellenwerke verwiesen.

Das Buch ist so aufgebaut, daß Sie es als Lehrbuch zum Selbststudium verwenden können. Betrachten Sie jedes Kapitel als eine Lektion. Jedes Kapitel (jede Lektion) wird abgeschlossen durch eine Checkliste mit Zusammenfassung der Kernpunkte und Formel- und Symbolverzeichnis. Die Kapitel 2 bis 6 bieten Ihnen zusätzlich einen Test, den Sie bitte bearbeiten, bevor Sie sich dem Folgekapitel zuwenden. Die Testergebnisse können Sie dem Lösungsanhang ab Seite 145 entnehmen. Sie sollten das ganze Buch mit dem Bleistift in der Hand durcharbeiten und alle angebotenen Übungsmöglichkeiten nutzen: Investitionsrechnung läßt sich nur durch selbständiges Üben gedanklich durchdringen. Um Ihren Zeitaufwand in vertretbaren Grenzen zu halten, sollten Sie einen Taschenrechner einsetzen. Nehmen Sie sich für jedes Kapitel inklusive Test zwei bis drei Stunden Zeit. Insgesamt benötigen Sie höchstens 15 Stunden, dann haben Sie das Buch durchgearbeitet und können mit dem Investitionsrechnungsformular umgehen. Da jeder Betrieb seine eigenen Bedürfnisse hat, sollten Sie unser Formular nicht unverändert einsetzen. Bitte überlegen Sie, wie es für die betriebsspezifischen Bedingungen in Ihrem Fall zu ändern und zu ergänzen ist.

Für Anregungen und Hilfe bei der Erstellung des Manuskripts danke ich meinen Studenten sowie Frau Dipl.-Ing. G. Grelck und Herrn Dipl.-Betriebsw. G. Ziegler.

Juni 1990						Klaus-Dieter Däumler
							Lärchenweg 12
							2301 Felde-Jägerslust

Inhaltsverzeichnis

		Seite
1.	**Grundlagen der Investitionsrechnung**	9
1.1	Leitfragen zu den Grundlagen	9
1.2	Zweck und Notwendigkeit der Investitionsrechnung	9
1.2.1	Volkswirtschaftliche Notwendigkeit	9
1.2.2	Betriebswirtschaftliche Notwendigkeit	10
1.3	Investitionsbegriff und Vorteilhaftigkeit von Investitionen	12
1.3.1	Investitionsbegriff	12
1.3.2	Vorteilhaftigkeit von Investitionen	15
1.4	Rechnungselemente bei betrieblichen Rechnungen	19
1.5	Investitionsrechnungsmethoden und ihre praktische Bedeutung	22
1.6	Festlegung des Kalkulationszinsfußes	25
1.7	Checkliste	28
2.	**Kapitalwertmethode**	30
2.1	Leitfragen zur Kapitalwertmethode	30
2.2	Finanzmathematische Grundlagen	30
2.3	Kapitalwertkriterium	44
2.4	Kapitalwertermittlung	47
2.4.1	Errechnung des Kapitalwerts im Zweizahlungsfall	47
2.4.2	Errechnung des Kapitalwerts bei konstanten Jahreszahlungen	50
2.4.3	Errechnung des Kapitalwerts bei unterschiedlichen Jahreszahlungen	54
2.5	Checkliste	58
	Test 1: Grundlagen und Kapitalwertmethode	60
3.	**Interne Zinsfuß-Methode**	63
3.1	Leitfragen zur internen Zinsfuß-Methode	63
3.2	Kriterium der internen Zinsfuß-Methode	63
3.3	Errechnung des internen Zinsfußes	64
3.3.1	Graphische Methode	64
3.3.2	Arithmetische Methode (Regula falsi)	74
3.4	Praktische Anwendung der Gleichung zur Effektivzinsbestimmung	78
3.4.1	Anwendung der Gleichung im Zweizahlungsfall	78
3.4.2	Anwendung der Gleichung bei konstanten Jahreszahlungen	79

3.4.3	Anwendung der Gleichung bei unterschiedlichen Jahreszahlungen	82
3.5	Checkliste	84
	Test 2: Interne Zinsfuß-Methode	87
4.	Annuitätenmethode	90
4.1	Leitfragen zur Annuitätenmethode	90
4.2	Finanzmathematische Grundlagen	91
4.3	Annuitätenkriterium	99
4.4	Ermittlung des durchschnittlichen jährlichen Überschusses	103
4.4.1	Überschußermittlung bei konstanten Jahreszahlungen	103
4.4.2	Überschußermittlung bei unterschiedlichen Jahreszahlungen	105
4.5	Checkliste	111
	Test 3: Annuitätenmethode	114
5.	Amortisationsrechnung	117
5.1	Leitfragen zur Amortisationsrechnung	117
5.2	Statische Amortisationsrechnung	118
5.2.1	Amortisationskriterium	118
5.2.2	Ermittlung der statischen Amortisationszeit	119
5.2.3	Schwachstellen der statischen Amortisationsrechnung	124
5.3	Dynamische Amortisationsrechnung	124
5.4	Checkliste	130
	Test 4: Amortisationsrechnung	132
6.	Investitionsrechnungsformular	135
6.1	Darstellung des Formulars	135
6.2	Anwendung des Formulars	139
	Test 5: Investitionsrechnungsformular	144
7.	Lösungsanhang: Lösungen der Testklausuren	145
8.	Tabellenanhang: Die sechs finanzmathematischen Faktoren	160
9.	Literaturverzeichnis	170
	Stichwortverzeichnis	172

1. Grundlagen der Investitionsrechnung

1.1 Leitfragen zu den Grundlagen

Investitionsentscheidungen gehören zu den wichtigsten betrieblichen Entscheidungen überhaupt. Für die richtige Beantwortung investitionsrechnerischer Fragen ist die Klärung einiger Grundfragen erforderlich:

- Warum ist eine Investitionsrechnung notwendig?
- Welche Investitionsarten gibt es, wie lassen sie sich unterscheiden und charakterisieren?
- Mit welchen Rechnungselementen arbeitet man im Rahmen von Investitionsrechnungen?
- Was ist der Kalkulationszinsfuß, wie wird er festgelegt?

1.2 Zweck und Notwendigkeit der Investitionsrechnung

1.2.1 Volkswirtschaftliche Notwendigkeit

In westlichen Industrienationen ist es üblich, daß rund 20 % des Bruttoinlandsproduktes alljährlich investiert werden. Für jede Volkswirtschaft ist es wichtig, über die Investitionen, die im Einzelfall viele Milliarden Mark ausmachen, sinnvoll zu disponieren. Dazu benötigt man eine Investitionsrechnung, mit deren Hilfe betriebliche Investitionsentscheidungen auf eine rationale Grundlage gestellt werden.

Land	Investitionsquote Bruttoanlageinvestitionen in Prozent des Bruttoinlandsproduktes		
	1970	1980	1987
Belgien	22,7	21,2	16,3
Bundesrepublik Deutschland	25,5	22,7	19,4
Dänemark	24,7	18,8	18,8
DDR[a]	10,8	10,0	9,0
Frankreich	24,1	23,0	19,4
Griechenland	23,6	24,2	17,4
Großbritannien	19,0	18,1	17,3
Irland	22,7	28,6	17,4
Italien	26,2	24,3	19,9
Niederlande	25,9	21,0	20,3
Portugal	23,2	28,6	25,3
Spanien	23,2	22,1	20,7
Norwegen	26,5	24,8	28,0
Schweden	22,5	20,2	19,0
Österreich	25,9	25,5	22,6
Schweiz	27,5	23,8	25,3

a Anteil der Investitionen am Bruttoprodukt

Quelle: INSTITUT DER DEUTSCHEN WIRTSCHAFT, Zahlen zur wirtschaftlichen Entwicklung der Bundesrepublik Deutschland, Köln 1989; STATISTISCHES JAHRBUCH 1989 FÜR DIE BUNDESREPUBLIK DEUTSCHLAND, S. 629 f.

Übersicht: **Investitionsquote im internationalen Vergleich**

1.2.2 Betriebswirtschaftliche Notwendigkeit

Neben die volkswirtschaftliche Begründung einer Investitionsrechnung, die in der hohen Investitionsquote zu sehen ist, tritt die betriebswirtschaftliche Begründung. Jeder Betrieb muß die ihm zur Verfügung stehenden Geldmittel optimal nutzen. Nur so kann er auf Dauer am Markt bestehen. Deshalb ist der Einsatz eines Instruments, das im Hinblick auf die betrieblichen Investi-

1.2 Zweck und Notwendigkeit der Investitionsrechnung

tionen die Spreu vom Weizen trennt, für jeden Betrieb reizvoll. Gewinnsituation und Überlebenschancen verbessern sich, wenn man vorteilhafte Investitionen erkennt und durchführt. Genauso wichtig wie das Erkennen und Durchführen lohnender Investitionen ist das Erkennen und Unterlassen unvorteilhafter Investitionsvorhaben.

Aus der Sicht des investierenden Unternehmers, des Investors, hat die Investitionsrechnung demnach drei Hauptfragen zu beantworten:

Einzelinvestition

Soll über ein Einzelobjekt entschieden werden, so ermittelt man die Vorteilhaftigkeit im Sinne einer Ja-Nein-Entscheidung (= absolute Vorteilhaftigkeit). Die Kernfrage lautet: Ist das zur Entscheidung anstehende Objekt vorteilhaft oder nicht?

Alternativenvergleich und Rangfolgeproblem

Ein Investor kann in der Planungsperiode mehrere miteinander konkurrierende Investitionen durchführen. Auf Grund einer Vorauswahl gelten zwei Investitionsobjekte als vorteilhaft. Dann muß geprüft werden, welches der beiden Objekte das wirtschaftlichere ist (= relative Vorteilhaftigkeit).

Ein analoges Problem besteht bei der Planung des optimalen Investitionsprogrammes. Die hier zu prüfenden Objekte schließen sich nicht gegenseitig aus. Die Bestimmung der relativen Vorteilhaftigkeit dient der Erstellung einer Rangfolge. Die Kernfrage lautet in beiden Fällen: Welches Objekt ist vorteilhafter?

Nutzungsdauer- und Ersatzproblem

Im Maschinenbestand eines Unternehmens befinden sich meist neue und alte Objekte. Insbesondere (aber nicht nur) bei den älteren Anlagen wird man sich fragen, wann der optimale Zeitpunkt für den Ersatz dieser Anlage durch eine neue gekommen ist (Ersatzproblem). Die im Rahmen einer Investitionsrechnung zugrunde zu legende voraussichtliche Nutzungsdauer der Neuanlage sollte so bemessen sein, daß der Vorteil für den Investor maximiert wird. Die Kernfrage lautet

- bei Altanlagen: sofort ersetzen oder noch ein Jahr weiterbetreiben?
- bei Neuanlagen: wie lange voraussichtlich nutzen?

Betriebliche Zwecke der Investitionsrechnung

Beurteilung der absoluten und relativen Vorteilhaftigkeit von Investitionsobjekten sowie Bestimmung der optimalen Nutzungsdauer und des optimalen Ersatzzeitpunktes von Investitionsobjekten.

1.3 Investitionsbegriff und Vorteilhaftigkeit von Investitionen

1.3.1 Investitionsbegriff

Allgemein versteht man unter einer Investition das Anlegen von Geldmitteln ("Einkleiden") in Anlagegüter (lat. investire = einkleiden, bekleiden). Dabei lassen sich verschiedene Arten von Investitionen unterscheiden:

- Zielt eine Investition darauf ab, den betrieblichen Produktionsprozeß zu erhalten, zu verbessern und/oder zu erweitern, so spricht man von Realinvestition oder Produktionsinvestition. Dazu zählen nicht nur Maschinen, sondern auch Grundstücke, Gebäude, Werkzeuge, Vorräte, Fahrzeuge usw. Werden dagegen Auszahlungen zum Zweck des Erwerbs von Forderungen getätigt (Forderungen = z. B. Bankguthaben, Pfandbriefe, Kommunalobligationen), so bezeichnet man diese Investitionen als Finanzinvestitionen. Es ist zweckmäßig, auch die Finanzinvestitionen in den Investitionsbegriff aufzunehmen, obgleich sie im strengen Sinne nicht das Kriterium der Einkleidung von Geldmitteln in Anlagegüter erfüllen. Bei immateriellen Investitionen erfolgen Auszahlungen beispielsweise zu Forschungs-, Entwicklungs- und Werbezwecken, wobei die Zurechnung der damit verbundenen Einzahlungen oft sehr schwierig ist.

- Die Realinvestitionen lassen sich nach ihrer Zwecksetzung in Anfangs- oder Errichtungsinvestitionen, Ersatz- oder Erhaltungsinvestitionen, Rationalisierungsinvestitionen, Erweiterungs- oder Ergänzungsinvestitionen sowie Sozial- und Sicherheitsinvestitionen (z. B. Kantine, Sprinkleranlagen, Entgiftungsanlage

1.3 Investitionsbegriff und Vorteilhaftigkeit von Investitionen

in der chemischen Industrie usw.) unterscheiden. Dabei ist zu beachten, daß der Übergang zwischen Ersatz- und Rationalisierungsinvestition in der Praxis fließend ist: Es gibt kaum eine Ersatzinvestition, die nicht gleichzeitig einen Rationalisierungseffekt hat.

- Nach der zeitlichen Wirkung, d. h. nach der Lebensdauer der Investitionsobjekte, sind weiter kurz-, mittel- und langfristige Investitionen zu unterscheiden.

- Schließlich gilt es, die Investitionen noch chronologisch zu trennen. Investitionen, die im Gründungsstadium vorgenommen wurden, bezeichnet man als Gründungsinvestitionen. Die darauf folgenden Investitionen heißen entsprechend laufende Investitionen.

Diese Einteilungskriterien sind im konkreten Fall meist nicht alternativ, sondern additiv zu verwenden. Wenn in einem Druckereibetrieb beispielsweise eine noch funktionsfähige Altanlage aus Rationalisierungsgründen durch eine neue Druckmaschine ersetzt wird, so liegt eine Rationalisierungsinvestition vor. Weist die neue Anlage eine größere Kapazität als die alte auf, so ist die Rationalisierungsinvestition gleichzeitig eine Erweiterungsinvestition. Ist die Nutzungsdauer der Neuanlage größer als die Restnutzungsdauer der Altanlage, so haben wir eine vorweggenommene Ersatzinvestition, die wahrscheinlich langfristiger Natur ist und von der Chronologie her als laufende Investition zu bezeichnen sein wird. Da wir eine Produktionsanlage erneuert haben, liegt eine Realinvestition vor.

1. Grundlagen der Investitionsrechnung

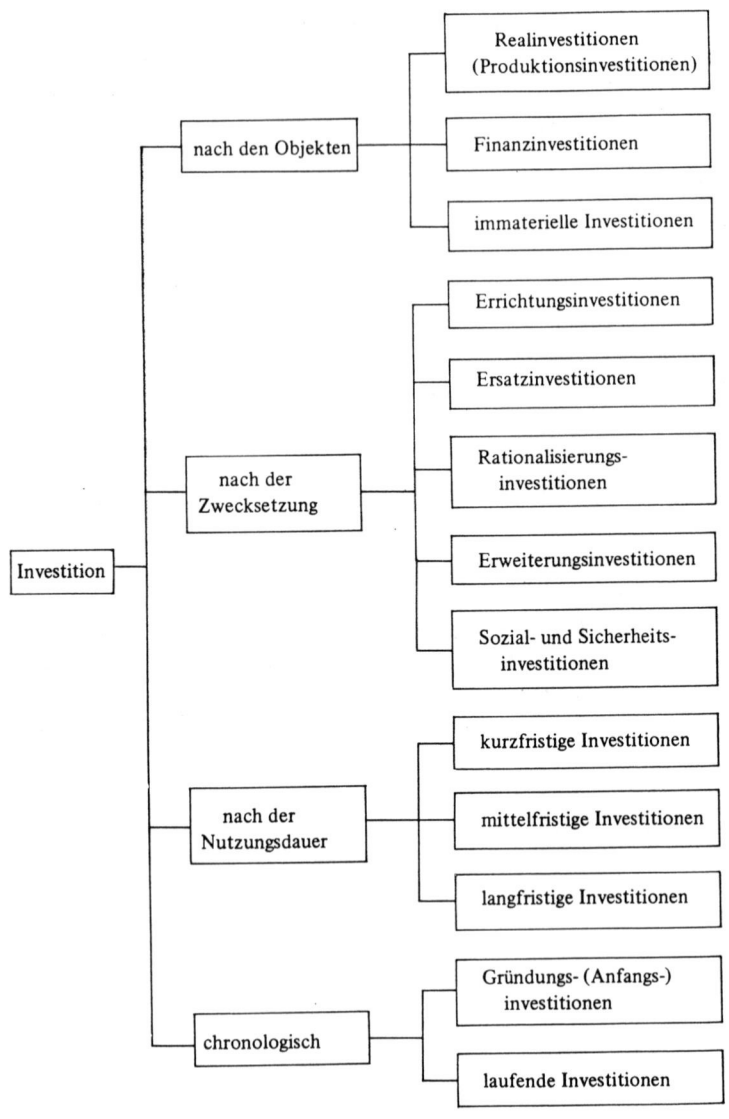

Übersicht: **Investitionsarten**

1.3.2 Vorteilhaftigkeit von Investitionen

Für die Investitionsrechnung ist es von besonderer Bedeutung, daß alle Investitionsarten durch die jeweilige Auszahlungs- und Einzahlungsreihe, kurz: Zahlungsreihe, beschrieben werden können.

Zahlungsreihe als Maßstab

Für die rechnerische Durchdringung einer Investition ist also nicht primär die Investitionsart interessant, sondern die durch die jeweilige Investition ausgelöste Zahlungsreihe. Wegen der großen Bedeutung des Begriffes der Zahlungsreihe für die Investitionsrechnung wird häufig der Investitionsbegriff mit dem Begriff Zahlungsreihe gleichgesetzt. Es gilt dann: Investition = Zahlungsreihe. Daraus läßt sich die folgende Definition der Begriffe "Investition" und "Finanzierung" ableiten[1]:

Eine Investition ist eine Zahlungsreihe, die mit einer Auszahlung beginnt.

Eine Finanzierung ist eine Zahlungsreihe, die mit einer Einzahlung beginnt.

Zur Beschreibung und Analyse einer Investition ist insbesondere die anhand des Zeitstrahls dargestellte Zahlungsreihe der betreffenden Investition von Nutzen. Das systematische Vorgehen am Zeitstrahl ermöglicht in anschaulicher Weise das Erfassen und Lösen eines investitionsrechnerischen Problems. Das macht der folgende Fall deutlich:

BEISPIEL

Ein Spirituosenhändler kauft eine Partie Weinbrand in Fässern für insgesamt 20 000 DM, lagert sie drei Jahre und hofft, den Weinbrand sodann für 30 000 DM weiterveräußern zu können.

---

[1] Vgl. D. SCHNEIDER, Investition und Finanzierung, 5., verb. Aufl., Wiesbaden 1980, S. 248 ff.

Der Zeitstrahl dieser einfachen Investition besteht aus einer Auszahlung zu Beginn des ersten Jahres (= Zeitpunkt 0) und einer erwarteten Einzahlung am Ende des dritten Jahres (= Zeitpunkt 3).

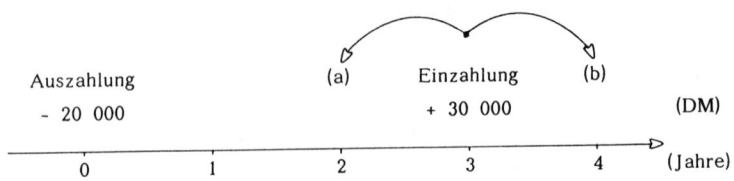

```
Auszahlung           (a)      Einzahlung      (b)
 - 20 000                     + 30 000                    (DM)
─────┼──────┼──────┼──────┼──────┼─────▷
     0      1      2      3      4       (Jahre)
```

Auf dem Zeitstrahl sind die einzelnen Jahre abgetragen. Der Beginn des Jahres 1 wird als Zeitpunkt 0 bezeichnet. Zeitpunkt 1 stellt somit das Ende des ersten Jahres und gleichzeitig den Beginn des Folgejahres dar. Entsprechend repräsentiert Zeitpunkt 3 sowohl das Ende des dritten als auch den Anfang des vierten Jahres.

Auf dem Zeitstrahl kennzeichnen wir die Auszahlung als Kassenabgang mit einem Minuszeichen. Die Einzahlung wird durch ein Pluszeichen als Kassenzugang kenntlich gemacht.

Einzelkriterien

Für die Vorteilhaftigkeit der betrachteten Investition ist einmal die Höhe der Aus- und Einzahlungen maßgebend: Könnte der Investor Spirituosen billiger einkaufen (Auszahlung kleiner 20 000) und/oder günstiger verkaufen (Einzahlung größer 30 000), so ist einsichtig, daß die Investition vorteilhafter wäre.

Die Vorteilhaftigkeit des Objektes hängt zum zweiten von der subjektiven Mindestverzinsungsanforderung des Investors ab. Die Tatsache, daß die Einzahlung größer ist als die Auszahlung, reicht nicht aus. Ein Investor, der mit einem Zinssatz von 5 % kalkuliert, käme zu einer positiven Einschätzung der Vorteilhaftigkeit. Ein Investor, der mit einem Zinssatz von 20 % als Untergrenze rechnet, käme zu einer negativen Beurteilung.

1.3 Investitionsbegriff und Vorteilhaftigkeit von Investitionen   17

Drittens wirkt sich auch die zeitliche Verteilung der Ein- und Auszahlungen auf die Vorteilhaftigkeit der Investition aus:

(a) Kann der Weinbrand infolge günstiger Marktentwicklung bereits zum Zeitpunkt 2 veräußert werden, so erhält der Investor die 30 000 DM ein Jahr eher, was sich günstig auf die Vorteilhaftigkeit auswirkt.

(b) Lassen sich die 30 000 DM dagegen erst am Ende des vierten Jahres realisieren, so erscheint die Investition vergleichsweise weniger vorteilhaft.

Zusammenfassend läßt sich sagen, daß die Vorteilhaftigkeit einer Investition von den "drei Z" abhängt, nämlich

- Zahlungshöhe,
- Zinssatz des Investors und
- zeitliche Verteilung der Zahlungen.

Rechnungselemente

Daraus folgt, daß für die Berechnung der Vorteilhaftigkeit einer Investition ausschließlich die Rechnungselemente "Einzahlungen und Auszahlungen" in Frage kommen können. Diese Rechnungselemente sind im Sinne reiner Kassenbewegungen zu verstehen: Eine Einzahlung (Auszahlung) liegt also dann vor, wenn ein Geldbetrag in die Kasse eingeht (die Kasse verläßt). Bei den weiteren Ausführungen gehen wir von den in der folgenden Übersicht gegebenen grundlegenden Definitionen der im Rechnungswesen gebräuchlichen Rechnungselemente aus.

Begriff	Kurzdefinition
Auszahlung	Abgang liquider Mittel pro Periode
Einzahlung	Zugang liquider Mittel pro Periode
Ausgabe	Geldwert der Einkäufe an Gütern und Dienstleistungen pro Periode
Einnahme	Geldwert der Verkäufe von Gütern und Dienstleistungen pro Periode
Kosten	Bewerteter Verzehr von Gütern und Diensten im Produktionsprozeß während einer Periode, soweit zur Leistungserstellung und Aufrechterhaltung der Betriebsbereitschaft notwendig
Betriebsertrag (interner Ertrag, Leistung)	In Geld bewertete, aus dem betrieblichen Produktionsprozeß hervorgegangene Güter und Dienste einer Periode
Aufwand	Zum Zwecke der Erfolgsermittlung periodisierte Ausgaben einer Periode (= jede Eigenkapitalminderung, die keine Kapitalrückzahlung darstellt)
externer Ertrag	Zum Zwecke der Erfolgsermittlung periodisierte Einnahmen einer Periode (= jede Eigenkapitalerhöhung, die keine Kapitaleinzahlung darstellt)

Übersicht: **Definitionen im Rechnungswesen**

Die Begriffspaare Einzahlungen/Auszahlungen und Einnahmen/Ausgaben sind klar voneinander zu trennen. Wird weder auf Kredit gekauft noch verkauft, so sind Einzahlungen und Einnahmen sowie Auszahlungen und Ausgaben identisch.

$$\left.\begin{array}{l}(1)\ \text{Einzahlungen} = \text{Einnahmen}\\ (2)\ \text{Auszahlungen} = \text{Ausgaben}\end{array}\right\} \text{keine Kreditvorgänge}$$

Anders verhält es sich, wenn man Kreditvorgänge in die Betrachtung einbezieht. Zahlt der Käufer eines Gutes erst später, so kann der Verkäufer vorläufig zwar keine Einzahlung, wohl aber einen Forderungszugang verbuchen. Hat der Käufer beim Lieferanten noch ein Guthaben, etwa aus früher geleisteten Anzahlungen, so mindern sich bei Lieferung eines Gutes die Schulden des Verkäufers. Also gilt unter Berücksichtigung von Krediten:

---

(1) Einnahme = Einzahlung + Forderungszugang + Schuldenabgang

(2) Ausgabe = Auszahlung + Forderungsabgang + Schuldenzugang

1.4 Rechnungselemente bei betrieblichen Rechnungen

Rechnungszweck als Bestimmungsgröße

Die Frage der Rechnungselemente stellt eine der wesentlichen Nahtstellen zwischen der Investitionsrechnung und anderen betrieblichen Rechnungen dar. Grundsätzlich gilt: Der Rechnungszweck bestimmt die Rechnungselemente. Rechnungselemente sind also nicht richtig oder falsch, sondern zweckmäßig oder unzweckmäßig, gemessen an den Aufgaben der jeweiligen Rechnung. Betrachten wir als Beispiel die betriebliche Finanzplanung. Ihre Zwecksetzung besteht in der Sicherstellung der künftigen Zahlungsbereitschaft. Ihre Kernfrage lautet: Ist der Betrieb auch in den kommenden Perioden noch liquide? Aus der Zwecksetzung folgt: Es müssen die künftigen Zahlungsströme erfaßt werden. Also: Rechnungselemente = Einzahlungen und Auszahlungen. Niemand wird eine Finanzplanung auf der Grundlage von Leistungen und Kosten oder auf der Basis von Erträgen und Aufwendungen (alles Rechnungselemente, die zum Teil gar nicht oder nicht in der selben Periode oder nicht immer betragsidentisch zahlungswirksam sind) durchführen.

In Literatur und Praxis finden sich jedoch viele Beispiele dafür, daß Investitions- und Wirtschaftlichkeitsrechnungen auf der Basis von Kosten und Leistungen oder Aufwendungen und Erträgen durchgeführt werden.

Abgrenzung von Kostenrechnung und Investitionsrechnung

Insbesondere wird die Kostenrechnung häufig nicht klar genug von der Investitions- und Wirtschaftlichkeitsrechnung getrennt. Dabei sind die Unterschiede beider Rechnungen gravierend.

(1) Die Kostenrechnung wird zu bestimmten festgelegten Zeitpunkten (monatlich oder vierteljährlich) erstellt. Die Wirtschaftlichkeitsrechnung erfolgt dagegen diskontinuierlich von Fall zu Fall.

(2) Die Kostenrechnung wird für eine feste, vorgegebene Planungsperiode durchgeführt (üblich sind monatliche bis jährliche Planungsperioden). Die Investitionsrechnung stellt demgegenüber auf die Gesamtlebensdauer des betreffenden Investitionsobjektes ab und ist in diesem Sinne eine mehrperiodige Totalrechnung.

(3) Die Kostenrechnung wird für den Betrieb als Ganzes oder auch (bei Großunternehmen) für einen Teilbereich durchgeführt. Die Investitionsrechnung bezieht sich dagegen in aller Regel nicht auf einen Betrieb oder Teilbetrieb, sondern auf ein einzelnes Aggregat (z. B. Maschine, Gebäude) bzw. eine einzelne Finanzinvestition (z. B. Aktien, Obligationen). Dabei sind allerdings Rückwirkungen auf andere Bereiche möglich.

(4) Der wichtigste Unterschied zwischen den beiden Rechnungen besteht in dem unterschiedlichen Rechnungszweck. Während die Investitions- und Wirtschaftlichkeitsrechnung die absolute bzw. relative Vorteilhaftigkeit sowie die optimale Nutzungsdauer und den optimalen Ersatzzeitpunkt eines Investitionsobjektes bestimmt, ist die Kostenrechnung (interne Erfolgsrechnung) durch folgende Zwecksetzungen gekennzeichnet[1]:

- **Ermittlung des Betriebserfolges**

    Dies geschieht monatlich oder vierteljährlich und dient der Beantwortung der Frage, ob der Betrieb als technischer Apparat der Unternehmung wirtschaftlich erfolgreich gearbeitet hat oder nicht.

---

1 Vgl. etwa: L. HABERSTOCK, Grundzüge der Kosten- und Erfolgsrechnung, 3., verb. Aufl., München 1982, S. 10 f. - K.-D. DÄUMLER u. J. GRABE, Kostenrechnung 1. Grundlagen, 4., überarb. Aufl., Herne u. Berlin 1990, S. 44 f.

1.4 Rechnungselemente bei betrieblichen Rechnungen

- Kalkulation der betrieblichen Leistungen

  Zum Beispiel zur Überprüfung des Marktpreises, zur Ermittlung der kurzfristigen Preisuntergrenze oder zur Preisermittlung aufgrund von Selbstkosten bei öffentlichen Aufträgen.

- Bereitstellung von Zahlenmaterial für Anpassungsentscheidungen im kurzfristigen Betriebsablauf

  Zum Beispiel Wahl des optimalen Produktionsverfahrens, Zusammenstellung des gewinngünstigsten Sortimentes, Wahl zwischen Eigenfertigung und Fremdbezug.

- Bereitstellung von Zahlenmaterial für die Bewertung in der Handelsbilanz

  Selbsterstellte Anlagen sowie Halb- und Fertigprodukte müssen in der Handelsbilanz zu Herstellungskosten bewertet werden.

Aus dem unterschiedlichen Rechnungszweck der Investitions- und der Kostenrechnung folgen mit zwingender Notwendigkeit unterschiedliche Rechnungselemente.

Soll gemäß der Fragestellung der Kostenrechnung untersucht werden, wie der Betrieb gearbeitet hat, so sind den betrieblichen Leistungen (= Betriebserträge = interne Erträge) die Werte der im Betrieb zum Zwecke der Leistungserstellung verbrauchten Güter und Dienste (= Kosten) gegenüberzustellen. Dabei bleibt die Höhe des Betriebserfolges unbeeinflußt von der Frage, ob die betrieblichen Leistungen oder Kosten einer bestimmten Periode kassenwirksam werden oder nicht.

Soll dagegen die Vorteilhaftigkeit einer Investition geprüft werden, so sind die "drei Z" maßgebend, also Zahlungen, deren zeitliche Verteilung und der Zinssatz des Investors.

Abgrenzungs-kriterium	Kostenrechnung	Investitionsrechnung
Regel-mäßigkeit	wird regelmäßig in bestimmten Abständen erstellt	wird von Fall zu Fall, also diskontinuierlich, erstellt
Planungs-periode	wird für die Planungsperiode (Monat, Quartal, Jahr) durchgeführt (= einperiodige Rechnung)	wird für die gesamte Nutzungsdauer, meist mehrere Jahre, durchgeführt (= mehrperiodige Rechnung)
Bezugsobjekt	Betrieb als Ganzes	einzelne Aggregate
Rechnungs-zweck	kurzfristige Kontrolle und Steuerung des gesamten Betriebes (wie hat der Betrieb gearbeitet?)	Bestimmung der absoluten oder relativen Vorteilhaftigkeit einer einzelnen Investition; Bestimmung des optimalen Ersatzzeitpunktes
Rechnungs-elemente	Kosten und Leistungen	Einzahlungen und Auszahlungen

Übersicht: **Abgrenzung von Kostenrechnung und Investitionsrechnung**

1.5 Investitionsrechnungsmethoden und ihre praktische Bedeutung

Wir unterscheiden zwei Gruppen von Investitionsrechnungsmethoden: die dynamischen und die statischen Verfahren. Die beiden Gruppen unterscheiden sich unter anderem dadurch, daß bei den dynamischen Verfahren die Zahlungen als Rechnungselemente überwiegen, während bei den statischen Verfahren Kosten und Leistungen bzw. Aufwände und Erträge als Rechnungselemente zum Ansatz kommen. Des weiteren verzichten die statischen Verfahren auf die Berücksichtigung der Unterschiede im zeitlichen Anfall der jeweiligen

1.5 Investitionsrechnungsmethoden und ihre praktische Bedeutung 23

Rechnungsgrößen durch Auf- oder Abzinsen. Im einzelnen umfassen die beiden Gruppen folgende Methoden der Investitionsrechnung:

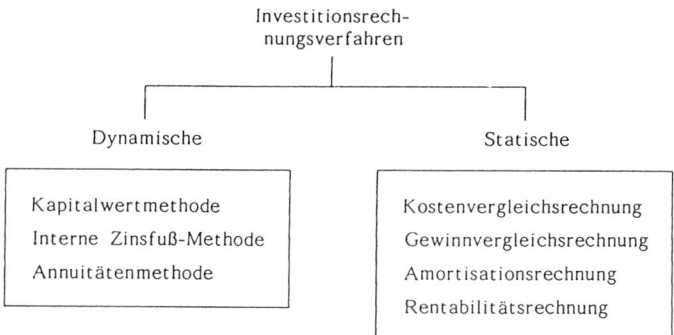

Bei Klein- und Mittelbetrieben werden heute noch überwiegend statische Verfahren eingesetzt. Lediglich bei Großunternehmen kann seit neuerer Zeit davon gesprochen werden, daß die Anwendung dynamischer Methoden, bei denen auf den zeitlichen Anfall der Zahlungen abgestellt wird, überwiegt. So ergab eine 1974 durchgeführte empirische Untersuchung von Grabbe[1], der 369 Großunternehmen in der Bundesrepublik über ihre Investitionsrechnungsmethoden befragte, daß 40 % der Unternehmungen nach einer statischen Methode ihr Ergebnis finden, während 60 % die dynamische Investitionsrechnung verwenden. Allerdings ergänzen jene Unternehmungen, die dynamische Investitionsrechnungen bevorzugen, ihre Rechnungen in aller Regel durch zusätzliche statische Berechnungen. Nur 6 % rechnen ausschließlich dynamisch.

Aus einer im Jahr 1985 durchgeführten Folgeuntersuchung, die an die gleiche Grundgesamtheit gerichtet war und eine ähnliche Rücklaufquote (45,7 %, entsprechend 212 verwertbare Antworten) aufwies, wissen wir, daß in den letzten Jahren die dynamischen Investitionsrechnungsmethoden an Boden gewonnen haben[2]. Nur noch 23 % der Großunternehmen beschränken sich auf statische Verfahren. Die große Mehrheit, 77 % der Unternehmungen, trifft Investitions-

---

1 Vgl. hierzu: H.-W. GRABBE, Investitionsrechnung in der Praxis - Ergebnisse einer Unternehmensbefragung, Köln 1976, S. 18 ff.
2 Vgl. N. BRÖER u. K.-D. DÄUMLER, Investitionsrechnungsmethoden in der Praxis. Eine Umfrage, in: Buchführung, Bilanz, Kostenrechnung (BBK), Herne 1986, Heft 13, S. 709 ff.

entscheidungen unter Benutzung dynamischer Rechnungen, die allerdings weiterhin häufig durch statische ergänzt werden: nur 18 % rechnen ausschließlich dynamisch.

Auch die Rangfolge in der Beliebtheit der einzelnen Methoden hat sich geändert. Die folgende Tabelle gibt Aufschluß über Verbreitung und Rangfolge der einzelnen Methoden 1974 und 1985.

Methode	Anwendende Unternehmungen 1985 (%)[a]	Rang 1985	Anwendende Unternehmungen 1974 (%)[a]	Rang 1974
Interne Zinsfuß-Methode	52	1.	43	2.
Amortisationsrechnung	50	2.	78	1.
Kapitalwertmethode	48	3.	21	5.
Kostenvergleichsrechnung	43	4.	26	4.
Rentabilitätsrechnung	37	5.	31	3.
Annuitätenmethode	23	6.	7	7.
Gewinnvergleichsrechnung	15	7.	10	6.
MAPI-Methode	1	8.	1	8.

a Prozentzahlen ergeben mehr als 100, weil viele Unternehmungen mehr als eine Methode anwenden.

Quelle: N. BRÖER u. K.-D. DÄUMLER, Investitionsrechnungsmethoden in der Praxis ..., a.a.O., S. 736.

Übersicht: **Verbreitung unterschiedlicher Investitionsrechnungsverfahren**

Sie erkennen, daß die beiden letzten Jahrzehnte den Durchbruch der dynamischen Verfahren bei den Großunternehmungen gebracht haben und daß diese im Regelfall drei Investitionsrechnungsmethoden gleichzeitig einsetzen.

Es ist anzunehmen, daß sich die dynamischen Methoden in den nächsten Jahren auch in kleineren und mittleren Unternehmungen durchsetzen. Dann vermeiden auch die kleineren und mittleren Unternehmungen die Grundsatzmängel der statischen Verfahren und erfassen Zahlungen, die die zeitliche Verteilung berücksichtigen, und bewerten die Zahlungen mit ihrem Kalkulationszinssatz.

1.6 Festlegung des Kalkulationszinsfußes

Wenn Sie eine Investition planen, dann müssen Sie vor Durchführung der Investitionsrechnung den Zinssatz festlegen, den Sie mindestens von Ihrem Investitionsobjekt fordern. Mit dieser subjektiven Mindestverzinsungsanforderung wird das Vorhaben dann durchgerechnet (kalkuliert). Der in dieser Rechnung verwendete Zinssatz heißt Kalkulationszinssatz.

> Definition: Der Kalkulationszinssatz ist die subjektive Mindestverzinsungsanforderung des Investors an sein Investitionsobjekt.

Bei der Festlegung des Kalkulationszinsfußes im konkreten Fall sind die Finanzierungsverhältnisse und die erwarteten Risiken zu beachten.

Vollständige Finanzierung der Investition mit Eigenkapital

Soll eine Investition vollständig eigenfinanziert werden, so kann man davon ausgehen, daß dem Unternehmer als Alternative zur Durchführung der betrieblichen Investition beispielsweise die Anlage seiner Mittel am Kapitalmarkt offensteht. Daher kann sein subjektiver Mindestzins (= Kalkulationszinssatz) i_e niemals kleiner sein als der Habenzinssatz einer bestimmten Kapitalmarktanlage.

Der Kalkulationszinssatz darf nicht etwa mit dem Kapitalmarktzinssatz verwechselt werden. Vielmehr stellt der Habenzins am Kapitalmarkt lediglich die absolute Untergrenze für den Kalkulationszinssatz dar. Der Kalkulationszinssatz wird im Regelfall beträchtlich über dem Marktzins liegen, da der Unternehmer durch die Kapitalbindung im Investitionsobjekt ein Risiko eingeht. Insbesondere die zu erwartenden jährlichen Ein- und Auszahlungen, die Nutzungsdauer und der Restwert sind unsichere Größen, die mit einem entsprechenden Risiko behaftet sind. Je größer man das mit der Durchführung der Investition verbundene Risiko einschätzt, desto höher wird man den Kalkulationszinsfuß ansetzen. Bezeichnet man den Risikozuschlag, den ein Investor bei einer bestimmten Investition veranschlagt, mit z, so können wir schreiben:

$$i_e = \text{Habenzinssatz} + z$$

i_e = Kalkulationszinssatz bei Eigenfinanzierung
z = Risikozuschlag

1. Grundlagen der Investitionsrechnung

Vollständige Finanzierung der Investition mit Fremdkapital

Wenn ein Unternehmer eine Investition vollständig fremdfinanziert, dann wird er seine Mindestverzinsungsanforderung am Fremdkapitalzinssatz (= Sollzinssatz des Kapitalmarktes) orientieren: Der Kalkulationszinssatz wird auf keinen Fall kleiner sein als der Zinssatz, den der Investor für die Überlassung des Fremdkapitals zahlen muß. Dabei repräsentiert der Fremdkapitalzinssatz die Untergrenze. Die Mindestverzinsungsanforderung des Investors wird um den Betrag z über dieser Untergrenze liegen, wenn z Ausdruck des mit der geplanten Investition verbundenen Risikos ist:

$$i_f = \text{Sollzinssatz} + z$$

i_f = Kalkulationszinssatz bei Fremdfinanzierung
z = Risikozuschlag

Finanzierung der Investition mit Eigen- und Fremdkapital

Für den Fall der Mischfinanzierung ergibt sich ein Kalkulationszinssatz i_m. Er wird als gewichtetes arithmetisches Mittel aus dem Kalkulationszinssatz für das Eigenkapital i_e und dem Kalkulationszinssatz für das Fremdkapital i_f errechnet.

$$i_m = \frac{EK \cdot i_e + FK \cdot i_f}{EK + FK}$$

i_m = Kalkulationszinssatz bei Mischfinanzierung
EK = Eigenkapital
FK = Fremdkapital

Festlegung des Kalkulationszinsfußes in der Praxis

Nach welchen Kriterien wird der Kalkulationszinsfuß in der betrieblichen Praxis festgelegt? Diese Frage wurde in der Umfrage von 1985 von 161 (= 79,3 % von 203) Unternehmen beantwortet. Obwohl zu erwarten war, daß zu diesem Punkt nur zurückhaltend Angaben gemacht werden, nannten 108 (= 67,1 % von 161) Unternehmen sogar die genaue Höhe des von ihnen verwendeten Zinssatzes. Er lag 1985, abgesehen von wenigen Ausreißern, im Mittel zwischen 8 % und 10 %. Wahrscheinlich liegt der wahre Wert noch etwas höher, denn Unternehmungen, die mit einem über 10 % liegenden Kalkulationszinssatz rechnen, dürften wohl zurückhaltend mit ihren Auskünften sein.

1.6 Festlegung des Kalkulationszinsfußes

Als Kriterium für die Höhe des Zinssatzes wurde meist der Kapitalmarktzins für langfristiges Fremdkapital genannt. Einige Unternehmen gaben an, den Kalkulationszinsfuß als gewogenes arithmetisches Mittel zwischen dem Eigenkapitalzins auf der Grundlage des Habenzinssatzes - bei alternativer Anlage des Geldes - und dem Sollzinssatz für Fremdkapital zu ermitteln. Nahezu alle Unternehmen, die nicht nur einen Zinssatz nannten, sondern auch genauere Angaben über dessen Ermittlung machten, berücksichtigen hierbei die Kapitalstruktur des Unternehmens, d. h. das Verhältnis von Eigen- und Fremdkapital.

Bei den ermittelten Zinssätzen scheint es sich oft nur um Basiswerte zu handeln. Obwohl nur sehr spärliche Angaben zu diesem Punkt gemacht wurden, scheint es doch so zu sein, daß viele Unternehmen auf diesen Basiszins noch einen Aufschlag erheben, um steuerliche Auswirkungen, ein eventuelles Risiko oder Preissteigerungen zu berücksichtigen. Die Aufschläge auf den Basiszins können also in ihrer Höhe dem Basiszins selbst nahekommen und ihn in Ausnahmefällen auch übersteigen.

Zusammenfassung

Zusammenfassend läßt sich zum Kalkulationszinsfuß sagen:

- Der Investor muß vor Durchführung seiner Investitionsrechnung seine subjektive Mindestverzinsungsanforderung an das zur Realisierung anstehende Objekt festlegen.

- Die Fixierung des Kalkulationszinsfußes geschieht im praktischen Fall häufig nach der Regel: Kalkulationszinsfuß = Basiszins + Risikozuschlag.

- Der Kalkulationszinssatz läßt sich nicht objektiv und exakt festlegen. Man kann nur eine ungefähre Größenordnung angeben. Gründe:
  - Es gibt in der Volkswirtschaft nicht den Soll- oder Habenzinssatz, sondern unterschiedliche Soll- und Habenzinssätze.
  - Der Risikozuschlag des Investors ist subjektiv.

- Bei praktischen Investitionsentscheidungen liegt der Kalkulationszinsfuß meist im Bereich von 8 bis 12 Prozent.

1.7 Checkliste

Zweck der Investitionsrechnung

Der Unternehmer will wissen, ob eine Einzelinvestition vorteilhaft ist oder nicht (absolute Vorteilhaftigkeit). Stehen mehrere Alternativen zur Auswahl, dann will er wissen, welche Alternative die bessere ist (relative Vorteilhaftigkeit). Bei Anschaffung von Neuanlagen fragt man sich, wie lange diese voraussichtlich genutzt werden sollen (optimale Nutzungsdauer). Bei im Betrieb stehenden alten Maschinen ist alljährlich die Frage "Sofortersatz oder Weiterbetrieb" zu beantworten (Ersatzproblem).

Investitionsarten

Je nach Einteilungskriterium erhält man verschiedene Investitionsarten. Fragt man nach dem Investitionsobjekt, dann unterscheidet man Real-, Finanz- und immaterielle Investitionen. Fragt man nach der Zwecksetzung einer Investitionsentscheidung im praktischen Fall, dann unterscheidet man Errichtungs-, Ersatz-, Rationalisierungs- und Erweiterungsinvestitionen. Aufgrund unterschiedlicher Nutzungszeiten unterscheiden wir kurz-, mittel- und langfristige Investitionen. Auf die Gründungsinvestition, die am Anfang der Geschichte eines Betriebes steht, folgen die laufenden Investitionen.

Investition als Zahlungsreihe

Gleichgültig, welche Investitionsart im praktischen Fall auch vorliegen mag, man kann das jeweilige Projekt durch die mit ihm verbundenen Ein- und Auszahlungen beschreiben. Deshalb bezeichnet man auch eine Investition als Zahlungsreihe, die mit einer Auszahlung beginnt. Umgekehrt definiert man eine Finanzierung als eine Zahlungsreihe, die mit einer Einzahlung beginnt.

Vorteilhaftigkeit einer Investition

Der Investor strebt danach, nur vorteilhafte Investitionen zu realisieren. Die Vorteilhaftigkeit hängt ab von den "drei Z", also der Höhe der Ein- und Auszahlungen, der zeitlichen Verteilung der Zahlungen und dem Kalkulationszinssatz.

Verhältnis der Investitionsrechnung zur Kostenrechnung

Allgemein gilt: Der Rechnungszweck bestimmt die in der Rechnung zu verwendenden Rechnungselemente. Da die Investitionsrechnung einen anderen Rechnungszweck verfolgt als die Kostenrechnung, sind auch andere Rechnungselemente zu verwenden, nämlich Ein- und Auszahlungen anstelle von Leistungen und Kosten.

Sowohl bei Einzahlungen als auch bei Auszahlungen handelt es sich um kassenwirksame Größen. Eine Einzahlung bedeutet, daß liquide Mittel zufließen; bei einer Auszahlung fließen Geldmittel ab. Da die Vorteilhaftigkeit eines Objektes auch davon abhängt, wann die entsprechenden Zu- und Abflüsse stattfinden, sind in einer Investitionsrechnung nur Zahlungsgrößen zu verwenden. Die Verwendung anderer Rechnungselemente kann zu Fehlentscheidungen führen.

Kalkulationszinsfuß

Er gibt die subjektive Mindestverzinsungsanforderung des Investors an sein Investitionsobjekt an. In der betrieblichen Praxis beachtet man bei der Festlegung dieses Zinssatzes sowohl Finanzierungs- als auch Risikoaspekte. Häufig genannte Werte für den Kalkulationszinsfuß liegen im Bereich von 8 % bis 12 %, wobei meist der Sollzinssatz des Kapitalmarktes die Untergrenze bildet. Bei vergleichsweise sicheren und eigenfinanzierten Investitionen kann auch der Habenzinssatz des Kapitalmarktes als Basis in Frage kommen. Bei Mischfinanzierung kann man sich am Mittelwert zwischen dem Kalkulationszinsfuß bei Eigen- und Fremdfinanzierung orientieren.

2. Kapitalwertmethode

2.1 Leitfragen zur Kapitalwertmethode

Die Kapitalwertmethode beruht auf der Idee, die Gesamtheit aller Einzahlungen einer Investition mit der Gesamtheit aller Auszahlungen zu vergleichen. Damit dieser Vergleich durchgeführt werden kann, müssen alle Zahlungen auf einen einheitlichen Zeitpunkt, den Zeitpunkt 0, bezogen werden. Daraus ergeben sich folgende Leitfragen:

- Welche finanzmathematischen Grundlagen sind zur Kapitalwertbestimmung notwendig?
    - Wie zinst man einzelne Zahlungen auf den Zeitpunkt 0 ab?
    - Wie zinst man Zahlungsreihen auf den Zeitpunkt 0 ab?
- Wie lautet die Entscheidungsregel der Kapitalwertmethode, das Kapitalwertkriterium, zur Bestimmung der Vorteilhaftigkeit einer Investition?
- Wie errechnet man den Kapitalwert in praktischen Fällen?
    - Wie errechnet man den Kapitalwert im Zweizahlungsfall?
    - Wie errechnet man den Kapitalwert bei konstanten jährlichen Nettoeinzahlungen?
    - Wie errechnet man den Kapitalwert bei unterschiedlichen jährlichen Nettoeinzahlungen?

2.2 Finanzmathematische Grundlagen

Die Kapitalwertmethode ist die erste der dynamischen Methoden zur Prüfung der Vorteilhaftigkeit von Investitionen. Sie setzt die Kenntnis einfacher finanzmathematischer Zusammenhänge voraus. Nach finanzmathematischem Brauch soll der Zinssatz künftig in Dezimalform geschrieben werden. Es gilt also: $\frac{p}{100} = i$. Wenn sich der Zinssatz p beispielsweise auf 6 Prozent beläuft, so drücken wir dies mit Hilfe der Dezimalzahl $i = 0,06 = \frac{6}{100} = 6\%$ aus.

2.2 Finanzmathematische Grundlagen

1. Aufzinsen einer heutigen Zahlung

Welchen Endwert K_n erreicht ein Geldbetrag K_0, der für n Jahre angelegt wird, wobei die Zinsen jeweils am Jahresende dem Kapital zugeschlagen werden? Der Zinssatz sei i.

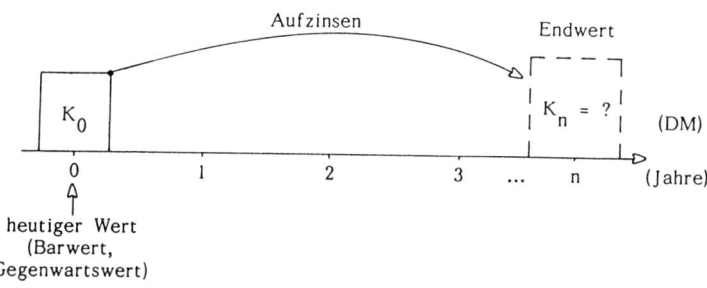

heutiger Wert
(Barwert,
Gegenwartswert)

Symbole

K = Kapital (Geldbetrag)

K_0 = heutiger Wert (Barwert, Gegenwartswert) des Kapitals (Geldbetrages)

K_n = späterer Wert (Endwert) des Kapitals (Geldbetrages) nach n Jahren

n = Anzahl Perioden (Jahre)

i = Zinssatz (dezimal)

Lösung

Sie verfolgen die Entwicklung des Kontostandes über 3 Jahre, wie sie in der folgenden Übersicht dargestellt ist, und entwickeln daraus eine Gleichung.

Jahre	Kontostand am Jahresbeginn	Zinsen	Kontostand am Jahresende
1	K_0	$K_0 \cdot i$	$K_1 = K_0 + K_0 \cdot i$ $= K_0(1+i)$
2	K_1	$K_1 \cdot i$	$K_2 = K_1 + K_1 \cdot i = K_1(1+i)$ $= K_0(1+i)(1+i)$ $= K_0(1+i)^2$
3	K_2	$K_2 \cdot i$	$K_3 = K_2 + K_2 \cdot i = K_2(1+i)$ $= K_0(1+i)^2(1+i)$ $= K_0(1+i)^3$
⋮	⋮	⋮	⋮
n	K_{n-1}	$K_{n-1} \cdot i$	$K_n = K_{n-1} + K_{n-1} \cdot i$ $= K_{n-1}(1+i)$ $= K_0(1+i)^{n-1}(1+i)$ $= K_0(1+i)^n$

Übersicht: **Entwicklung des Kontostands im Zeitablauf**

Die Übersicht zeigt, daß der Kontostand am Ende eines beliebigen Jahres Nr. n angegeben werden kann durch:

Gleichung (1) $\boxed{K_n = K_0(1+i)^n = K_0 \cdot AuF}$

▷ Aufzinsungsfaktor (AuF)

Gleichung (1) heißt Aufzinsungsgleichung. Der Faktor $(1+i)^n$ heißt Aufzinsungsfaktor (AuF). Sie finden die Werte des Aufzinsungsfaktors und die der anderen finanzmathematischen Faktoren in den Tabellen für die finanzmathematischen

2.2 Finanzmathematische Grundlagen

Faktoren am Ende dieses Buches. Diese Tabellen reichen zur Bewältigung der Übungsbeispiele im Buch aus. Sollten darüber hinaus jedoch weitere Faktorenwerte benötigt werden, so sind spezielle Tabellenwerke erforderlich[1] oder Taschenrechner mit finanzmathematischen Funktionen.

Damit Sie diese und die anderen Gleichungen für die finanzmathematischen Faktoren nicht auswendig lernen müssen, finden Sie vor den Tabellen der finanzmathematischen Faktoren eine Übersicht, die Ihnen schematisch zeigt, welcher Faktor wann anzuwenden ist (vgl. S. 160 f.).

Für Ihre praktische Arbeit bedeutet das: Wenn Sie das Problem anhand eines Zeitstrahles dargestellt haben, ist zur Problemlösung nur noch der entsprechende Zeitstrahl in der Übersicht aufzusuchen. Beachten Sie bitte: Die bekannte und gegebene Größe ist durch einen Punkt gekennzeichnet. Die Pfeilspitze zeigt stets auf die unbekannte und gesuchte Größe.

Wir wollen nun den Lösungsweg anhand eines konkreten Beispiels darstellen:

Beispiel

Auf welchen Betrag sind 50 000 DM in 6 Jahren bei einem Zinssatz von 8 % angewachsen?

Lösung

a) Rechnerisch

Zuerst schreiben wir die für unseren Fall anzuwendende Formel, anschließend setzen wir die konkreten Werte aus der Aufgabenstellung und aus den finanzmathematischen Tabellen ein.

---

[1] Vgl. etwa: K.-D. DÄUMLER, Finanzmathematisches Tabellenwerk für Praktiker und Studierende, 3., erw. Aufl., Herne u. Berlin 1989. - DERSELBE, Unterjährige Zinsperioden - Finanzmathematisches Tabellenwerk, Herne u. Berlin 1984.

$$K_n = K_0 \cdot AuF_6$$
$$\uparrow \qquad \uparrow$$
$$50\,000 \quad 1{,}586874 \quad \text{(vgl. 8 \%-Tabelle)}$$

$$K_n = 50\,000 \cdot 1{,}586874$$

$$K_n = 79\,344 \text{ (DM)}$$

b) Zeitstrahl-Darstellung

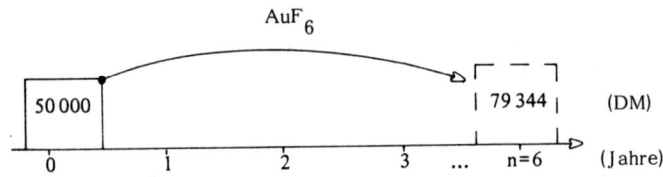

Beispiel

Auf welchen Betrag sind 10 000 DM in 10 Jahren bei einem Zinssatz von a) $i = 0{,}06 = 6\,\%$, b) $i = 0{,}07 = 7\,\%$ angewachsen?

Lösung

a) $K_n = K_0(1+i)^n$

$K_{10} = 10\,000 \cdot 1{,}790848$

$K_{10} = 17\,908$ (DM)

b) $K_n = K_0(1+i)^n$

$K_{10} = 10\,000 \cdot 1{,}967151$

$K_{10} = 19\,672$ (DM)

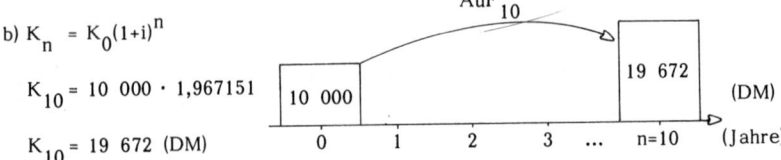

2.2 Finanzmathematische Grundlagen

Beispiel

Die Einwohnerzahl einer Großstadt steigt durch Geburtenüberschuß und Zuwanderung jährlich um 6 % und betrug zuletzt 800 000. Welche Höhe weist die Einwohnerzahl dieser Stadt in 15 Jahren auf, wenn die Bevölkerungszahl weiter im gleichen Verhältnis steigt?

Lösung

Wir verwenden die bisher gebrauchten Symbole K und i analog weiter. K steht dann für die jeweilige Bevölkerungszahl und i für den jährlichen Bevölkerungszuwachs.

$K_n = K_0(1+i)^n$

$K_{15} = 800\,000 \cdot 2{,}396558$

$K_{15} = 1\,917\,246$ (Einwohner)

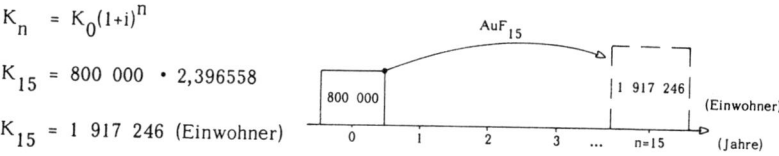

2. Abzinsen einer späteren Zahlung

Welchen Gegenwartswert bzw. Barwert K_0 hat ein nach n Jahren fälliger Betrag K_n bei einem Zinssatz von i?

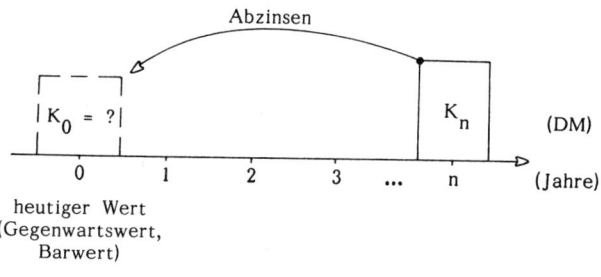

heutiger Wert
(Gegenwartswert,
Barwert)

Lösung

Gleichung (1) $K_n = K_0(1+i)^n$ ist nach dem jetzt gesuchten Wert K_0 (= Gegenwartswert oder Barwert) aufzulösen. Man erhält dann:

$$K_0 = K_n \cdot \frac{1}{(1+i)^n} \quad \text{oder}$$

Gleichung (2) $\boxed{K_0 = K_n(1+i)^{-n} = K_n \cdot AbF}$

→ Abzinsungsfaktor (AbF)

Diese Formel heißt Abzinsungsformel. Der Faktor $\frac{1}{(1+i)^n} = (1+i)^{-n}$ ist der Abzinsungsfaktor.

Der Vorgang des Abzinsens wird in der Sprache der Investitionsrechnung häufig auch Diskontieren genannt. Auch den Abzinsungsfaktor (AbF) finden Sie im Tabellenanhang.

Beispiel

Ein Mitinhaber eines Unternehmens scheidet aus. Seine Abfindung beträgt 300 000 DM, fällig nach 3 Jahren. Er erhält über diese Summe einen Wechsel. Was könnte ihm eine Bank, die mit 5 % rechnet, heute dafür geben?

Lösung

$K_0 = K_n \cdot AbF_3$

$K_0 = 300\,000 \cdot 0{,}863838$

$K_0 = 259\,151$ (DM)

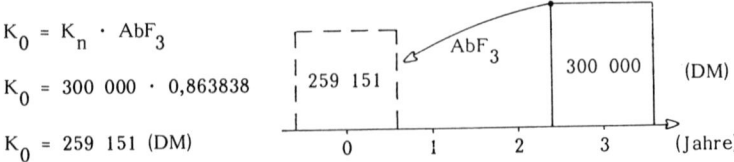

2.2 Finanzmathematische Grundlagen

Beispiel

Beim Kauf eines Hauses wird abgemacht, daß der Käufer 60 000 DM in bar, 60 000 DM nach zwei Jahren und weitere 60 000 DM nach fünf Jahren bezahlen soll. Wieviel kostet das Haus zum Zeitpunkt 0, wenn man mit einem Zinssatz von 8 % rechnet?

Lösung

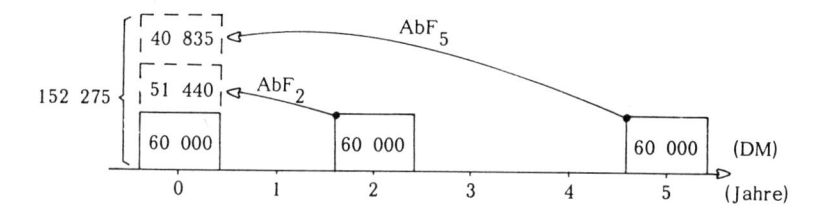

Man bezieht alle Teilbeträge auf den Zeitpunkt 0 und erhält dann:

$K_0 = 60\,000 + 60\,000 \cdot AbF_2 + 60\,000 \cdot AbF_5$

$K_0 = 60\,000 + 60\,000 \cdot 0,857339 + 60\,000 \cdot 0,680583$

$K_0 = 60\,000 + 51\,440 + 40\,835$

$K_0 = 152\,275$ (DM)

3. Abzinsen und Aufsummieren einer Zahlungsreihe

Wie groß ist der Gegenwarts- oder Barwert K_0 einer Zahlungsreihe, bei der für die Dauer von n Jahren jeweils am Jahresende ein im Zeitablauf gleichbleibender Betrag g anfällt? Der Zinssatz beläuft sich auf i.

Lösung

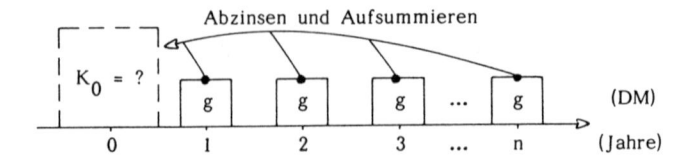

```
        Abzinsen und Aufsummieren
┌ ─ ─ ─┐ ◁
│ K₀=? │  ┌─┐  ┌─┐  ┌─┐     ┌─┐
│      │  │g│  │g│  │g│ ... │g│         (DM)
└──────┘  └─┘  └─┘  └─┘     └─┘  ▷
─────────┼────┼────┼────┼───┼────
    0    1    2    3   ...  n         (Jahre)
```

Wenn man die Jahreszahlungen g jeweils einzeln diskontiert (abzinst), so erhält man für K_0 (= Gegenwartswert der Zahlungsreihe) den Ausdruck:

Gleichung (3)
$$K_0 = g \cdot \frac{1}{1+i} + g \cdot \frac{1}{(1+i)^2} + g \cdot \frac{1}{(1+i)^3} + \ldots + g \cdot \frac{1}{(1+i)^n}$$

Die Berechnung des Barwertes K_0 ist nach dieser Methode stets möglich. Man sieht jedoch, daß die Errechnung von K_0 mit zunehmender Länge der Zahlungsreihen, d. h. mit wachsendem n, immer zeitaufwendiger wird. Es liegt daher nahe, Gleichung (3) zu vereinfachen.

Betrachtet man Gleichung (3), so erkennt man, daß eine geometrische Reihe vorliegt, bei der sich jedes Glied durch Multiplikation des vorhergehenden mit dem Faktor $\frac{1}{1+i}$ ergibt.

Aus der Mathematik kennen wir die folgende Gleichung zur Bestimmung der Summe einer geometrischen Reihe:

Summenformel für geometrische Reihe
$$S_n = a_1 \cdot \frac{1 - f^n}{1 - f}$$

2.2 Finanzmathematische Grundlagen

Symbole allgemein	Bedeutung	Symbole in unserem Fall
S_n	Summe von n Gliedern einer geometrischen Reihe.	K_0
a_1	Erstes Glied der geometrischen Reihe.	$g \cdot \frac{1}{1+i}$
f	Faktor, mit dem ein Glied der Reihe zu multiplizieren ist, um das nachfolgende zu erhalten.	$\frac{1}{1+i}$

Setzen Sie unsere Symbole in die Summenformel ein. Sie erhalten dann:

$$K_0 = g \cdot \underbrace{\frac{1}{1+i}}_{a_1} \cdot \underbrace{\frac{1 - \frac{1}{(1+i)^n}}{1 - \frac{1}{1+i}}}_{\frac{1-f^n}{1-f}}$$
| Brüche multiplizieren ↠

$$K_0 = g \cdot \frac{1 - \frac{1}{(1+i)^n}}{1 + i - 1}$$
| mit $(1+i)^n$ erweitern ↠

Gleichung (4)
$$K_0 = g \cdot \frac{(1+i)^n - 1}{i(1+i)^n} = g \cdot DSF$$

↳ Diskontierungssummenfaktor (DSF)

Gleichung (4) dient zur Ermittlung des Barwertes einer Zahlungsreihe, bestehend aus n gleichen Zahlungen, die jeweils am Jahresende beim Zinssatz i anfallen. Sie haben also lediglich die konstante Jahreszahlung g mit dem

Faktor DSF zu multiplizieren, um den Gegenwartswert der Zahlungsreihe zu erhalten. Weil dieser Faktor

1. alle Glieder der Zahlungsreihe abzinst und
2. alle Barwerte aller Glieder addiert,

heißt er Abzinsungssummenfaktor oder Diskontierungssummenfaktor (DSF). Gelegentlich wird er auch Kapitalisierungs- oder Barwertfaktor genannt.

Bitte beachten Sie, daß Gleichung (4) nur dann angewendet werden darf, wenn folgende Bedingungen erfüllt sind:

1. Die Zahlungen müssen stets am Jahresende (postnumerando, nachschüssig) erfolgen.
2. Die Zahlungsreihen müssen äquidistant sein, d. h., der zeitliche Abstand zwischen den Zahlungen muß gleich bleiben (z. B. ein Jahr oder ein Monat).
3. Die Zahlungsreihen müssen uniform sein, d. h., die einzelnen Zahlungen müssen die gleiche Höhe aufweisen.

Bei unterschiedlichen Zahlungen und/oder verschiedenen zeitlichen Distanzen müssen Sie die Geldbeträge eines jeden Jahres einzeln mit dem Abzinsungsfaktor (AbF) auf die Gegenwart diskontieren (abzinsen).

Beispiel

Ein Raucher gibt im Jahr 1 200 DM für Tabakwaren aus. Wie groß ist der Gegenwartswert dieser Zahlungsreihe bei einer Restlebenserwartung des Rauchers von 40 Jahren und einem Zinssatz von i = 0,06?

Lösung

$K_0 = g \cdot DSF_{40}$

$K_0 = 1\,200 \cdot 15,046297$

$K_0 = 18\,056$ (DM)

2.2 Finanzmathematische Grundlagen

Beispiel

Ein geschiedener Vater hat sich verpflichtet, für sein bei der Mutter lebendes Kind ein Unterhaltsgeld von jährlich 9 000 DM zu zahlen. Der Unterhaltszeitraum beträgt 15 Jahre. Mit welchem Betrag könnte er die Zahlungsreihe heute ablösen, wenn man von einem Zinssatz $i = 0,05$ ausgeht?

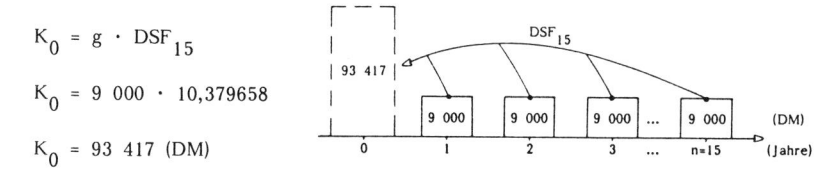

Lösung

$K_0 = g \cdot DSF_{15}$

$K_0 = 9\ 000 \cdot 10,379658$

$K_0 = 93\ 417$ (DM)

Beispiel

Ein Hauseigentümer hat die erste Etage seines Gebäudes an einen Einzelhändler vermietet. Der Mietvertrag läuft über 15 Jahre. Die jährliche Festmiete beträgt 25 000 DM (= 25 TDM). Wie hoch ist der Gegenwartswert (Barwert) dieser Zahlungsreihe bei einem Zinssatz von 6 %?

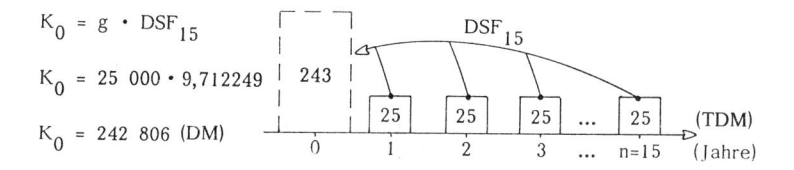

Lösung

$K_0 = g \cdot DSF_{15}$

$K_0 = 25\ 000 \cdot 9,712249$

$K_0 = 242\ 806$ (DM)

4. Aufzinsen und Aufsummieren einer Zahlungsreihe

Welchen Endwert K_n hat eine Zahlungsreihe, bei der für die Dauer von n Jahren jeweils am Jahresende ein gleichbleibender Betrag g anfällt, wenn man mit einem Zinssatz von i rechnet?

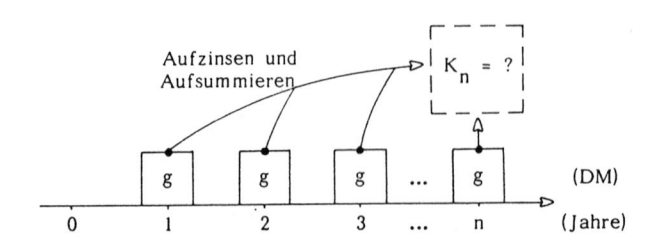

Lösung

Die Lösung dieses Problems erfolgt in zwei Schritten:

1. Man berechnet den Barwert der Zahlungsreihe.
2. Man zinst den Barwert K_0 auf den Zeitpunkt n auf.

Dies kann graphisch folgendermaßen verdeutlicht werden:

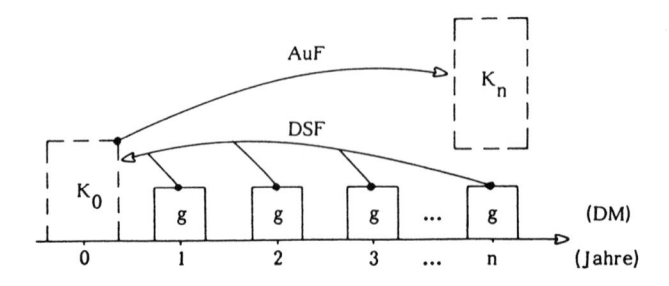

2.2. Finanzmathematische Grundlagen

1. Schritt: Für K_0 können Sie schreiben:

$$K_0 = g \cdot \frac{(1+i)^n - 1}{i(1+i)^n}$$

2. Schritt: Für K_n muß gelten:

$$K_n = K_0(1+i)^n$$

$$K_n = g \cdot \underbrace{\frac{(1+i)^n - 1}{i(1+i)^n}}_{K_0} \cdot (1+i)^n \quad \Big| \text{ kürzen mit } (1+i)^n \rightarrow\rightarrow$$

Gleichung (5)
$$\boxed{K_n = g \cdot \frac{(1+i)^n - 1}{i} = g \cdot \text{EWF}}$$

↳ Endwertfaktor (EWF)

Der Faktor $\frac{(1+i)^n - 1}{i}$ heißt Endwertfaktor. Er gestattet die Bestimmung jener einmaligen Zahlung zum Zeitpunkt n, die einer Zahlungsreihe mit gleichbleibenden Jahreszahlungen bei einem Zinssatz von i wirtschaftlich gleichwertig (äquivalent) ist.

Beispiel

Ein Soldat hat sich auf acht Jahre verpflichtet. Am Ende seiner Dienstzeit möchte er sich ein Auto kaufen. Zu diesem Zweck legt er jeweils am Jahresende 1 500 DM zurück, worauf ihm seine Bank 6 % Zinsen gewährt. Die Zinsen werden ihm stets am Jahresende gutgeschrieben und im folgenden Jahr mitverzinst. Wieviel kann er nach acht Jahren für den Wagen ausgeben?

Lösung

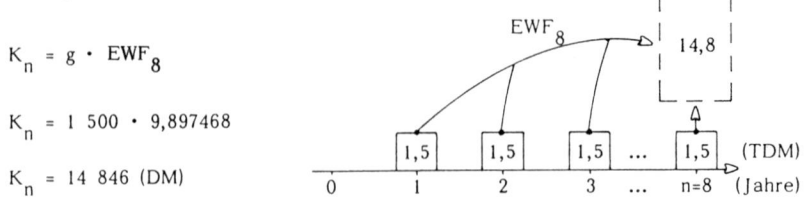

$K_n = g \cdot EWF_8$

$K_n = 1\,500 \cdot 9{,}897468$

$K_n = 14\,846$ (DM)

Beispiel

Ein Raucher gibt im Jahr 1 200 DM für Tabakwaren aus. Wie groß ist der Endwert dieser Zahlungsreihe bei einer Restlebenserwartung des Rauchers von 40 Jahren und einem Zinssatz von i = 0,06? Wie erhält man bei gegebenem Endwert den Barwert?

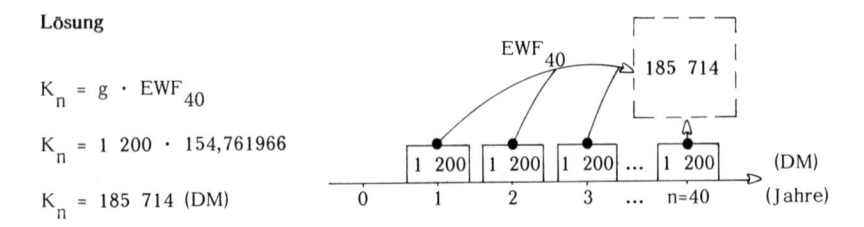

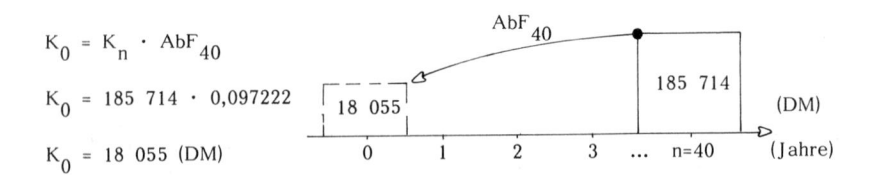

Lösung

$K_n = g \cdot EWF_{40}$

$K_n = 1\,200 \cdot 154{,}761966$

$K_n = 185\,714$ (DM)

$K_0 = K_n \cdot AbF_{40}$

$K_0 = 185\,714 \cdot 0{,}097222$

$K_0 = 18\,055$ (DM)

2.3 Kapitalwertkriterium

Die Kapitalwertmethode gehört zu den wichtigsten Investitionsrechnungsverfahren. Im Jahr 1985 gaben 48 Prozent der auf eine Umfrage antwortenden Großunternehmen an, nach dieser dynamischen Investitionsrechnungsmethode vorzugehen. Sie steht damit in der Beliebtheitsskala an dritter Stelle. Die

2.3 Kapitalwertkriterium

Kapitalwertmethode (Diskontierungsmethode, Gegenwartsmethode, Present-Worth-Methode, Concept of Present Value) beruht auf einer einfachen Entscheidungsregel, die angibt, welche Bedingungen erfüllt sein müssen, damit man eine Investition als vorteilhaft, lohnend oder wirtschaftlich bezeichnen kann. Die Entscheidungsregel, die die Voraussetzungen für die Vorteilhaftigkeit einer Investition fixiert, nennt man Kapitalwertkriterium. Wir wollen das Kapitalwertkriterium schrittweise entwickeln.

(1) Nach einer sehr einfachen und umgangssprachlich orientierten Fassung unserer Entscheidungsregel könnte man sagen:

Eine Investition lohnt sich, wenn sie mindestens soviel bringt wie sie kostet.

Diese Entscheidungsregel setzt voraus, daß in den "Kosten" eines Objektes auch Zinsansprüche des Investors enthalten sind.

(2) Wir präzisieren die Formulierung, indem wir berücksichtigen, daß die zu verwendenden Rechnungselemente nicht Leistungen und Kosten, sondern Ein- und Auszahlungen sind. Wir verknüpfen die Rechnungselemente außerdem durch die Bedingung $\geq$, welche die verbale Formulierung "mindestens so viel wie" ersetzt.

Eine Investition lohnt, wenn Einzahlungen $\geq$ Auszahlungen

(3) Wir haben gelernt, daß Zahlungen, die zu unterschiedlichen Zeitpunkten anfallen, nicht vergleichbar sind (eine Mark heute ist mehr wert als eine Mark morgen). Wir machen die Zahlungen vergleichbar, indem wir sie alle auf einen einheitlichen Zeitpunkt, den Zeitpunkt 0, beziehen.

Eine Investition lohnt, wenn
barwertige Einzahlungen $\geq$ barwertige Auszahlungen

Ab Schritt (3) ist die Entscheidungsregel rechnerisch korrekt. Die folgenden Umformungen dienen daher nur noch der Vereinfachung.

(4) Wir schreiben die barwertigen Ein- und Auszahlungen kürzer als E_0 und A_0 und erhalten die Formulierung:

Eine Investition lohnt, wenn $E_0 \geq A_0$ E_0 = barwertige Einzahlungen

Eine Investition lohnt, wenn $E_0 - A_0 \geq 0$ A_0 = barwertige Auszahlungen

(5) Die Differenz zwischen den barwertigen Ein- und Auszahlungen bezeichnen wir als Kapitalwert C_0 und schreiben:

Kapitalwertkriterium:

Investition lohnt, wenn $\underbrace{E_0 - A_0 \geq 0}$

| **Investition lohnt, wenn** | $C_0 \geq 0$ | C_0 = Kapitalwert |

Eine Investition ist also bei dem gewählten Zinssatz vorteilhaft, wenn der auf den Zeitpunkt Null bezogene Kapitalwert, also der Barwert aller Zahlungen, die zum Zeitpunkt 0 oder später anfallen, nicht negativ ist.

Die Formulierung "nicht negativ" macht deutlich, daß man die Investition im Grenzfall $C_0 = 0$ nicht abzulehnen hat. Sie kann vielmehr als gerade eben vorteilhaft bezeichnet werden, da sie mit einer Geldanlage zum gewählten Kalkulationszinssatz gleichwertig ist. Der Investor erhält in diesem Fall sein eingesetztes Kapital zurück und eine Verzinsung der ausstehenden Beträge in Höhe von i.

Zusammenfassung

Das Kapitalwertkriterium ist eines der wichtigsten Kriterien der Investitionsrechnung. Die Größe des Kapitalwertes einer Investition und damit deren Vorteilhaftigkeit hängt ab von den "drei Z":

- der Höhe der Zahlungen,
- deren zeitlicher Verteilung,
- dem Zinssatz.

2.4 Kapitalwertermittlung

Eine Investition lohnt sich, wenn der von den "drei Z" abhängige Kapitalwert nicht negativ ist. Er wird folgendermaßen definiert:

> Der Kapitalwert eines Investitionsobjekts ist die Summe der Barwerte aller durch dieses Objekt verursachten Zahlungen. Oder: Der Kapitalwert ist die Differenz zwischen den barwertigen Einzahlungen und den barwertigen Auszahlungen eines Objekts.

Im folgenden wird gezeigt, wie man den Kapitalwert eines Investitionsobjekts in unterschiedlichen Praxisfällen, d. h. bei unterschiedlichen Zahlungsverläufen ermitteln kann.

2.4 Kapitalwertermittlung

2.4.1 Errechnung des Kapitalwerts im Zweizahlungsfall

Die einfachste denkbare Investition besteht aus lediglich zwei Zahlungen, einer Auszahlung und einer Einzahlung. Wir gehen von folgendem Fall aus:

Wir tätigen heute eine Investition für 100 DM und erhalten daraus nach genau einem Jahr eine einmalige Einzahlung von 108 DM. Lohnt sich diese Investition?

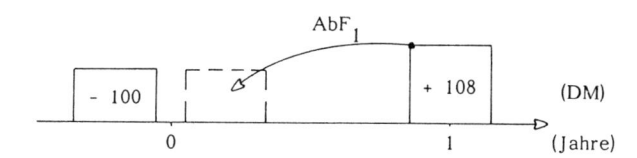

Rechnet der Investor mit einem Kalkulationszinssatz von 4 %, dann gilt für den Kapitalwert:

$C_0 = E_0 - A_0$

$C_0 = 108 \cdot AbF_1 - 100$

$C_0 = 108 \cdot 0{,}961538 - 100$

$C_0 = 3{,}85$ (DM)

Der Kapitalwert dieser Investition nimmt unterschiedliche Werte an, wenn Sie mit unterschiedlichen Kalkulationszinsfüßen rechnen.

i (%)	AbF	$E_0 = 108 \cdot \text{AbF}$	$C_0 = E_0 - 100$
4	0,961538	103,85	3,85
6	0,943396	101,89	1,89
8	0,925926	100,00	0,00
10	0,909091	98,18	-1,82
12	0,892857	96,43	-3,57

Übersicht: **Kapitalwert bei unterschiedlichen Kalkulationszinssätzen**

Rechnet der Investor in unserem Beispiel mit einem Zinssatz, der kleiner als 8 % ist, so ist der Kapitalwert positiv. Die Investition lohnt sich. Liegt der Kalkulationszinssatz über 8 %, so ist der Kapitalwert negativ. Die Investition lohnt sich nicht. Der kritische Wert für den Kalkulationszinssatz liegt bei 8 %. Hier ist der Kapitalwert Null. Die Investition ist in diesem Fall eben noch lohnend. Der Investor erreicht mit seiner Investition gerade seine Mindestverzinsungsanforderung - nicht mehr und nicht weniger.

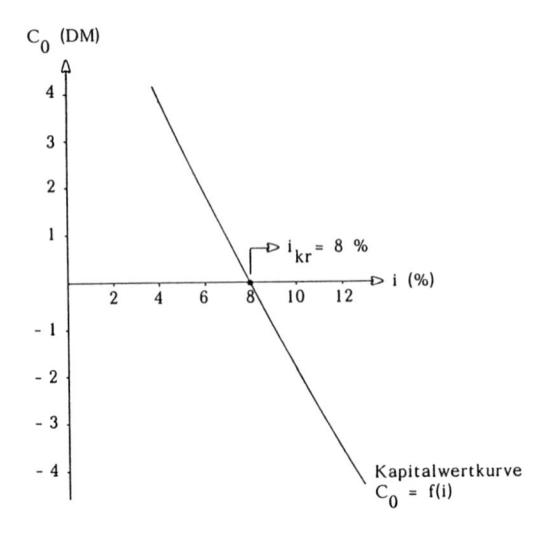

Abbildung: **Mit steigendem Kalkulationszinssatz nimmt der Kapitalwert ab**

2.4 Kapitalwertermittlung

> Die Kapitalwertkurve gibt an, welche Werte der Kapitalwert der betrachteten Investition unter sonst gleichen Umständen bei unterschiedlichen Kalkulationszinssätzen annimmt. Sie verläuft monoton fallend und leicht linksgekrümmt.

Beispiel

Eine Investition besteht aus einer einmaligen Auszahlung von 100 000 DM. Nach 5 Jahren erfolgt eine Einzahlung von 148 000 DM. Lohnt sich diese Investition

- bei einem Kalkulationszinsfuß von 8 %,
- bei einem Kalkulationszinsfuß von 10 %?

Lösung

$i_1 = 8\ \%\ \rightarrow\ C_{0,1} = E_0 - A_0 = 148\ 000 \cdot 0{,}680583 - 100\ 000$

$\qquad C_{0,1} = 726\ (DM) \rightarrow$ Investition lohnt.

$i_2 = 10\ \%\ \rightarrow\ C_{0,2} = E_0 - A_0 = 148\ 000 \cdot 0{,}620921 - 100\ 000$

$\qquad C_{0,2} = -\ 8\ 104\ (DM) \rightarrow$ Investition lohnt nicht.

Beispiel

Beweisen Sie rechnerisch unter Benutzung des Abzinsungsfaktors, daß der Kapitalwert einer Investition mit steigendem Kalkulationszinssatz sinkt.

Der Kapitalwert C_0 der Investition

```
       - 100        + 108     (DM)
    ─────────┬──────────┬──────▷
         0          1       (Jahre)
```

ergibt sich aus:

$C_0 = -\ 100 + 108 \cdot \dfrac{1}{1+i}$

Wenn i steigt, wird der Abzinsungsfaktor geringer. Dadurch wird stärker abgezinst und es sinkt der Einzahlungsbarwert E_0. Wegen $C_0 = E_0 - A_0$ nimmt der Kapitalwert entsprechend ab.

2.4.2 Errechnung des Kapitalwerts bei konstanten Jahreszahlungen

Im praktischen Fall löst eine Investition meist mehr als zwei Zahlungen aus. Wenn Sie etwa den Maschinenpark Ihres Betriebes vergrößern, dann wird zum Zeitpunkt 0 die Anschaffungsauszahlung A für die neue Maschine fällig. Während der Nutzungsjahre verursacht die neue Maschine jährliche Betriebs- und Instandhaltungsauszahlungen a, die als konstant betrachtet werden. Die Konstanzannahme gilt auch für die während der Nutzungsjahre erwarteten jährlichen Einzahlungen e. Am Ende der Nutzungszeit kann noch ein Restwert R erlöst werden. Abgesehen von der Anschaffungsauszahlung können alle anderen Größen nur geschätzt werden. Sie sind mit Risiko behaftet. Sinnvollerweise rechnet man mit dem wahrscheinlichsten Wert.

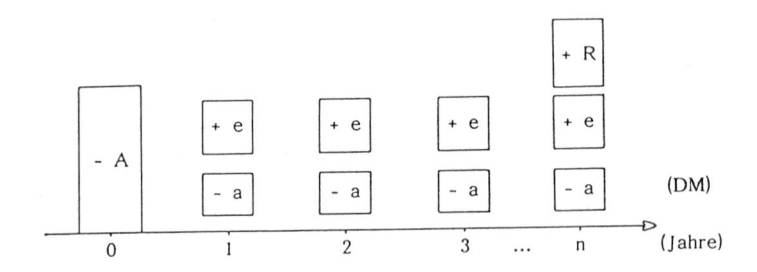

Symbole

A = Anschaffungsauszahlung

a = jährliche Betriebs- und Instandhaltungsauszahlungen

e = jährliche Einzahlungen

R = Restwert

n = Anzahl der Jahre (Nutzungsdauer)

2.4 Kapitalwertermittlung

Der Kapitalwert einer solchen Investition läßt sich nach der Grundgleichung $C_0 = E_0 - A_0$ ausrechnen. Die barwertigen Einzahlungen erhält man, indem man die Reihe der jährlichen Einzahlungen e mit dem Diskontierungssummenfaktor abzinst und aufsummiert und dazu den abgezinsten Restwert R addiert:

$$E_0 = e \cdot DSF_n + R \cdot AbF_n$$

Entsprechend ergibt sich der Gegenwartswert aller Auszahlungen als:

$$A_0 = a \cdot DSF_n + A$$

Für den Kapitalwert C_0 kann man mithin schreiben:

$$\boxed{C_0 = E_0 - A_0}$$

$$C_0 = \underbrace{e \cdot DSF_n + R \cdot AbF_n} - \underbrace{a \cdot DSF_n - A}$$

Gleichung (6) $\boxed{C_0 = (e - a) \cdot DSF_n + R \cdot AbF_n - A}$ Kapitalwert bei konstanten Jahreszahlungen

Gemäß Gleichung (6) läßt sich der Kapitalwert einer Investition in vielen praktisch relevanten Fällen bestimmen.

Beispiel

Ein Reiseunternehmen plant die Anschaffung eines Kleinbusses zum Preise von A = 150 000 DM. Es wird mit jährlichen Einzahlungen e in Höhe von 80 000 DM und jährlichen Betriebs- und Instandhaltungsauszahlungen a von 50 000 DM gerechnet. Der Bus soll 8 Jahre genutzt werden. Nach 8 Jahren erwartet man einen Restwert R des Busses in Höhe von 20 000 DM.

Ist die Investition vorteilhaft, wenn der Unternehmer eine Mindestverzinsungsanforderung von 10 % zugrunde legt?

2. Kapitalwertmethode

Lösung

```
                                    + 20
              + 80    + 80   + 80   + 80
    - 150     - 50    - 50   - 50 ... - 50    (TDM)
   ─────┼──────┼──────┼──────┼────────┼────▷
        0      1      2      3  ...  n=8     (Jahre)
```

$$C_0 = (e - a) \cdot DSF_8 + R \cdot AbF_8 - A$$

Jetzt setzen wir die Zahlen laut Aufgabe ein, wobei wir die Werte für den DSF und AbF dem Tabellenanhang entnehmen (Zinssatz 10 %, 8 Jahre).

$$C_0 = 30\ 000 \cdot 5{,}334926 + 20\ 000 \cdot 0{,}466507 - 150\ 000$$

$$C_0 = 19\ 378\ (DM)$$

Die Investition ist vorteilhaft, da sich ein positiver Kapitalwert von 19 378 DM ergibt. Der Investor gewinnt das eingesetzte Kapital zurück, erzielt auf die jeweils ausstehenden Beträge seine geforderte Mindestverzinsung in Höhe von 10 % und gewinnt zusätzlich einen barwertigen Überschuß von 19 378 DM.

Das verdeutlicht auch die Zeitstrahldarstellung.

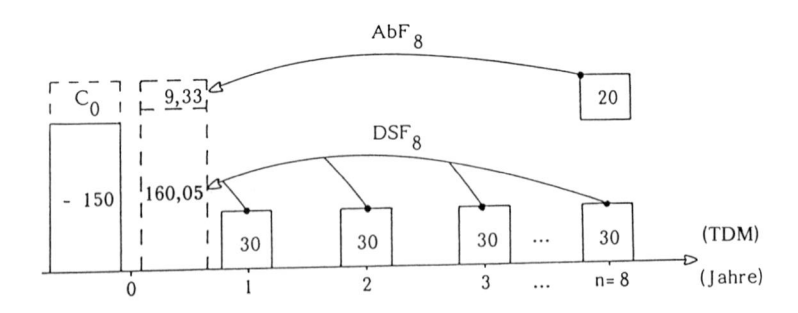

```
                         AbF_8
     ┌─ C_0 ┐ ┌ 9,33 ┐◁──────────────────────┐
     │      │ │      │                       │
     │      │ │      │      DSF_8         ┌──┐
     │      │ │      │◁──────────────┐    │20│
     │      │ │160,05│               │    └──┘
     │ -150 │ │      │               │
     │      │ │      │◁──────────┐   │
     │      │ │      │◁──────┐   │   │
     │      │ │      │◁──┐   │   │   │
     │      │ │      │ ┌─┐ ┌─┐ ┌─┐   ┌─┐
     │      │ │      │ │30│ │30│ │30│...│30│      (TDM)
     └──────┴─┴──────┴─┴──┴─┴──┴─┴──┴───┴──┴──▷
         0       1     2    3   ...  n=8   (Jahre)
```

2.4 Kapitalwertermittlung

Um zu zeigen, daß ein positiver Kapitalwert tatsächlich bedeutet, daß der Investor

1. seine Mittel vollständig zurückgewinnt,
2. auf die ausstehenden Beträge die geforderte Mindestverzinsung erhält und darüber hinaus
3. einen barwertigen Überschuß in Höhe des Kapitalwertes erzielt,

wollen wir für unser Beispiel eine tabellarische Darstellung der Zahlungen vornehmen.

Jahr	Ausstehender Betrag am Jahresanfang (DM)	Nettoeinzahlung (DM)	Verzinsungsanforderung (DM)	Wiedergewinnung (DM)	Nicht zur Verzinsung oder Wiedergewinnung benötigte Nettoeinzahlungen (DM)
	I	II	III = I · i	IV = II - III	V = II - (III + IV)
1	150 000	30 000	15 000	15 000	0
2	135 000	30 000	13 500	16 500	0
3	118 500	30 000	11 850	18 150	0
4	100 350	30 000	10 035	19 965	0
5	80 385	30 000	8 039	21 961	0
6	58 424	30 000	5 842	24 158	0
7	34 266	30 000	3 427	26 573	0
8	7 693	50 000 (incl. Restwert)	769	7 693	41 538
				150 000	

Übersicht: **Aufteilung der Nettoeinzahlungen in Zins- und Wiedergewinnungsanteil**

Von der Nettoeinzahlung des ersten Jahres werden 15 000 DM für die Verzinsung des zu Beginn dieses Jahres noch ausstehenden Betrages von 150 000 DM benötigt. Zur Wiedergewinnung bleibt der Betrag von 15 000 DM, um den sich das ausstehende Kapital zu Beginn des zweiten Jahres mindert. Folglich ist ein geringerer Zinsanteil zu berechnen (13 500 DM), und es bleibt ein höherer Wiedergewinnungsanteil (16 500 DM). Dieser Prozeß, geringerer Zinsanteil und wachsender Wiedergewinnungsanteil, setzt sich fort bis zum achten Jahr. Zu Beginn des letzten Jahres stehen noch 7 693 DM aus. Somit werden von den in diesem Jahr eingehenden Nettoeinzahlungen, die einschließlich Restwert 50 000 DM betragen, nur 769 DM zur Verzinsung benötigt. Da nur noch 7 693 DM ausstehen, wird auch nur dieser Betrag zur Wiedergewinnung benötigt. Der Rest, also der Betrag, der weder zur Verzinsung noch zur Wiedergewinnung erforderlich ist, beläuft sich auf 41 538 DM, das ist der endwertige Überschuß, der auf den Zeitpunkt n bezogene Kapitalwert C_n.

$$C_0 = \begin{array}{c}\text{Barwert der Nettoeinzahlungen, die}\\\text{nicht für Wiedergewinnung und Ver-}\\\text{zinsung benötigt werden}\end{array} = \begin{array}{c}\text{endwertiger}\\\text{Überschuß}\end{array} \cdot AbF_n = C_n \cdot AbF_n$$

$C_0 = 41\ 538 \cdot 0{,}466507$

$C_0 = 19\ 378$ (DM)

2.4.3 Errechnung des Kapitalwerts bei unterschiedlichen Jahreszahlungen

Bitte beachten Sie stets, daß in allen Fällen, in denen der Diskontierungssummenfaktor verwendet wurde, etwa bei Gleichung (6), vorausgesetzt wird, daß die Zahlungsreihe aus im Zeitablauf gleichbleibenden Jahreszahlungen besteht. In der Praxis darf man die Voraussetzung der zeitlichen Konstanz der Jahreszahlungen auch dann als erfüllt ansehen, wenn die tatsächlichen jährlichen Zahlungen stets in der Nähe eines Durchschnittswerts liegen. Werden die Abweichungen vom Durchschnitt jedoch zu hoch, so ist der Kapitalwert ohne Benutzung des Diskontierungssummenfaktors durch Abzinsen der einzelnen Jahresbeträge folgendermaßen zu ermitteln:

Kapitalwert bei Einzeldiskontierung

Gleichung (7)
$$C_0 = (e_1 - a_1) \cdot AbF_1 + (e_2 - a_2) \cdot AbF_2 + (e_3 - a_3) \cdot AbF_3 \\ + \ldots + (e_n - a_n + R) \cdot AbF_n - A$$

2.4 Kapitalwertermittlung

Symbole

e_n = laufende Einzahlungen im Jahr Nr. n
a_n = laufende Auszahlungen im Jahr Nr. n
R = Restwert
A = Anschaffungsauszahlung

Beispiel

Ein neu zu errichtendes Autobahnteilstück soll an den Ländereien eines Landwirtes entlangführen, der eine ergiebige Kiesgrube, die bislang nicht genutzt wurde, besitzt. Der Landwirt verpflichtet sich, der Baugesellschaft für 4 Jahre eine bestimmte Menge Kies frei Baustelle zu liefern und erhält dafür jährlich 280 000 DM. Solange die Baustelle noch weit von der Kiesgrube entfernt ist, rechnet der Landwirt mit erheblichen Auszahlungen für den Transport des Kieses. Diese Auszahlungen sinken dann jedoch in dem Maße, wie sich die Baustelle, bedingt durch den Baufortschritt, der Kiesgrube nähert. Danach, wenn sich die Autobahnbaustelle bei weiterem Baufortschritt wieder von der Grube entfernt, steigen die Auszahlungen für den Transport wieder. Die Anschaffungsauszahlung, die vor Beginn des Kiesabbaus anfällt, beläuft sich auf 600 000 DM. Nach 4 Jahren kann das Gerät für 200 000 DM weiterveräußert werden. Als Verzinsung will der Landwirt mindestens 7 % auf seinen jeweiligen Kapitaleinsatz erzielen. Lohnt sich die Investition?

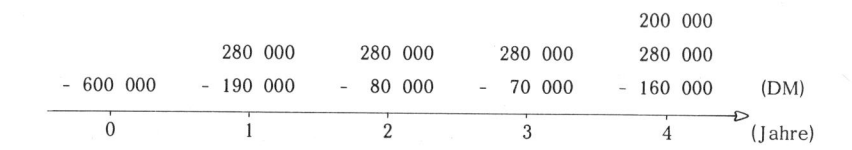

					200 000	
		280 000	280 000	280 000	280 000	
− 600 000	− 190 000	− 80 000	− 70 000	− 160 000	(DM)
0	1	2	3	4	(Jahre)

Lösung

Zeit-punkt	Daten des Beispiels		Kapitalwertberechnung		
	Auszah-lungen A, a (DM)	Einzah-lungen e, R (DM)	Nettoein-zahlungen (DM)	AbF (7 %)	Barwerte (7 %) (DM)
	I	II	III = II - I	IV	V = III · IV
0	600 000	–	– 600 000	–	– 600 000
1	190 000	280 000	90 000	0,934579	84 112
2	80 000	280 000	200 000	0,873439	174 688
3	70 000	280 000	210 000	0,816298	171 423
4	160 000	480 000 (incl. Restwert)	320 000	0,762895	244 126
Kapitalwert = Summe der Barwerte aller Zahlungen:					74 349

Übersicht: **Tabellarische Kapitalwertermittlung**

Ergebnis

Die Investition lohnt sich. Der Investor gewinnt das eingesetzte Kapital zurück. Daneben erhält er 7 % auf die ausstehenden Beträge. Darüber hinaus gewinnt er einen barwertigen Überschuß von 74 349 DM.

Beispiel

In einem Betrieb wurden Horizontalfräsarbeiten bislang an Fremdunternehmen vergeben. Es wird geplant, diese Arbeiten künftig selbst durchzuführen. Die anzuschaffende automatische Horizontalfräsmaschine soll 500 000 DM kosten. Während der Nutzungszeit dieser Anlage fallen Betriebs- und Instandhaltungsauszahlungen von 100 000 DM im ersten Jahr an; sie steigen von Jahr zu Jahr um 10 000 DM. Der Restwert, der nach Ablauf der Nutzungsdauer von 5 Jahren realisiert werden kann, beläuft sich auf 30 000 DM. Durch die Maschine werden künftig Auszahlungen an Fremdunternehmen in Höhe von 250 000 DM jährlich vermieden.

2.4 Kapitalwertermittlung

Lohnt sich die Anschaffung, wenn der Unternehmer mit einem Kalkulationszinssatz von 8 % rechnet?

Lösung

```
                                              + 30 ⎫
            + 250   + 250   + 250   + 250   + 250 ⎬ 280
                                                   ⎭
  - 500     - 100   - 110   - 120   - 130   - 140        (TDM)
  ─────────────────────────────────────────────────▷
    0         1       2       3       4      n=5        (Jahre)
```

Zeit- punkt	Daten des Beispiels		Kapitalwertberechnung		
	Auszah- lungen A, a (DM)	Einzah- lungen e, R (DM)	Nettoein- zahlungen (DM)	AbF (8 %)	Barwerte (8 %) (DM)
	I	II	III = II - I	IV	V = III · IV
0	500 000	-	- 500 000	-	- 500 000
1	100 000	250 000	150 000	0,925926	138 889
2	110 000	250 000	140 000	0,857339	120 027
3	120 000	250 000	130 000	0,793832	103 198
4	130 000	250 000	120 000	0,735030	88 204
5	140 000	280 000 (incl. Restwert)	140 000	0,680583	95 282
Kapitalwert = Summe der Barwerte aller Zahlungen:					45 600

Übersicht: Tabellarische Kapitalwertermittlung

Ergebnis

Die Investition lohnt sich, da der Investor zusätzlich zur Wiedergewinnung und Verzinsung einen barwertigen Überschuß von 45 600 DM erzielt.

2.5 Checkliste

Kapitalwert

Er ergibt sich aus der Differenz zwischen den barwertigen Ein- und Auszahlungen bei einem bestimmten Zinssatz. Der Kapitalwert kann als Entscheidungshilfe genutzt werden, wenn es um die Frage geht, ob eine Investition vorteilhaft ist oder nicht.

Kapitalwertkriterium: $C_0 \geq 0$

Eine Investition mit positivem Kapitalwert ist vorteilhaft. Ein negativer Kapitalwert bedeutet, daß die Investition unwirtschaftlich ist. Bei einem Kapitalwert von Null ist es gleichgültig, ob man investiert oder sein Geld zum Kalkulationszinsfuß anlegt.

Benötigte Informationen

Der Entscheidende muß Vorstellungen über den Verlauf der mit einer Investition verbundenen Zahlungen, deren Nutzungsdauer und über die Höhe des Kalkulationszinsfußes besitzen. Er muß A, R, e, a, n und i kennen.

Risiko

Die zahlenmäßigen Informationen sind naturgemäß mit Risiko behaftet; bei kleineren und mittleren Investitionen empfiehlt es sich, jeweils mit dem wahrscheinlichsten Wert zu rechnen. Bei Großinvestitionen sollte man spezielle Verfahren zur Risikoberücksichtigung einsetzen.

Berechnung

Die Berechnung des Kapitalwertes erfolgt unter Benutzung finanzmathematischer Faktoren, wobei zwei Fälle zu unterscheiden sind:

(1) Zahlungsreihen mit im Zeitablauf konstanten Jahreszahlungen; hier wird der Diskontierungssummenfaktor eingesetzt.

(2) Zahlungsreihen mit unterschiedlichen Jahreszahlungen; hier ist eine Einzeldiskontierung mit Hilfe des Abzinsungsfaktors erforderlich.

Interpretation

Der Kapitalwert ist genau zu interpretieren. Ein positiver Kapitalwert von z. B. + 100 DM besagt: Der Investor gewinnt erstens sein eingesetztes Kapital zurück, erhält zweitens eine Verzinsung in Höhe des Kalkulationszinsfußes auf die jeweils ausstehenden Beträge und gewinnt drittens einen barwertigen Überschuß von 100 DM. Die Investition ist vorteilhaft.

Ein Kapitalwert von 0 DM besagt: Der Investor gewinnt erstens sein eingesetztes Kapital zurück und erhält zweitens eine Verzinsung in Höhe des Kalkulationszinsfußes auf die jeweils ausstehenden Beträge. Ein darüber hinausgehender barwertiger Überschuß wird nicht erzielt.

2.5 Checkliste

Ein Kapitalwert von z. B. - 100 DM besagt: Der Investor erleidet einen barwertigen Verlust in Höhe von 100 DM. Dieser Verlust kann dadurch zustandekommen, daß die geforderte Mindestverzinsung auf die ausstehenden Beträge nicht erreicht wird. Er kann auch dadurch entstehen, daß die investierten Mittel nicht oder nicht in voller Höhe wiedergewonnen werden. Die Investition ist unvorteilhaft.

Formeln und Symbolverzeichnis

Formeln	Symbole
$K_n = K_0 \cdot AuF$ $K_n = K_0 \cdot (1+i)^n$	K_n = Geldbetrag zum Zeitpunkt n K_0 = Geldbetrag zum Zeitpunkt 0 AuF = Aufzinsungsfaktor i = Zinssatz n = Anzahl Jahre
$K_0 = K_n \cdot AbF$ $K_0 = K_n \cdot (1+i)^{-n}$	AbF = Abzinsungsfaktor
$K_0 = g \cdot DSF$ $K_0 = g \cdot \dfrac{(1+i)^n - 1}{i(1+i)^n}$	DSF = Diskontierungssummenfaktor g = konstanter Geldbetrag pro Jahr
$K_n = g \cdot EWF$ $K_n = g \cdot \dfrac{(1+i)^n - 1}{i}$	EWF = Endwertfaktor
$C_0 = E_0 - A_0$	C_0 = Kapitalwert E_0 = Barwert aller Einzahlungen A_0 = Barwert aller Auszahlungen
$C_0 = (e-a) \cdot DSF + R \cdot AbF - A$ $C_0 = (e-a) \cdot \dfrac{(1+i)^n - 1}{i(1+i)^n} + R \cdot (1+i)^{-n} - A$	e = konstante jährliche Einzahlungen a = konstante jährliche Betriebs- und Instandhaltungsauszahlungen R = Restwert nach n Jahren A = Anschaffungsauszahlung
$C_0 = (e_1 - a_1)AbF_1 + (e_2 - a_2)AbF_2$ $+ (e_3 - a_3)AbF_3 + \ldots$ $+ (e_n - a_n + R) \cdot AbF_n - A$	jährliche Zahlungen sind nicht konstant $(e_n - a_n)$ = Nettoeinzahlungen des Jahres Nr. n

Test 1: Grundlagen und Kapitalwertmethode

Aufgabe 1

Die folgenden Behauptungen sind zum Teil richtig und zum Teil falsch. Kennzeichnen Sie die Behauptungen mit (+) = richtig, (-) = falsch, ( ) = weiß nicht.

(a) Eine sachlich korrekte Investitionsrechnung sollte stets auf der Grundlage von

- Leistungen und Kosten durchgeführt werden; ( )
- Einzahlungen und Auszahlungen durchgeführt werden; ( )
- Erträgen und Aufwendungen durchgeführt werden. ( )

(b) Die Aufgabe der Investitionsrechnung besteht darin,

- erstens die absolute Vorteilhaftigkeit eines Objektes zu bestimmen, zweitens die relative Vorteilhaftigkeit zu ermitteln, drittens den optimalen Ersatzzeitpunkt sowie die optimale Nutzungsdauer anzugeben; ( )
- die Liquidität des Unternehmens sicherzustellen; ( )
- Entscheidungshilfen bei der betrieblichen Investitionsplanung zu geben. ( )

(c) Der Kalkulationszinsfuß eines Investors ist definiert als

- die Verzinsung, die das durchzuführende Objekt abwirft; ( )
- subjektive Mindestverzinsungsanforderung des Investors an sein Investitionsobjekt; ( )
- Diskontsatz plus vier Prozent. ( )

(d) Der Kapitalwert einer Investition ist definiert als

- Differenz zwischen den barwertigen Einzahlungen E_0 und barwertigen Auszahlungen A_0 ( )
- Summe aller auf den Zeitpunkt 0 mit dem Kalkulationszinssatz i abgezinsten Zahlungen; ( )
- Summe aller auf den Zeitpunkt 0 mit dem Kalkulationszinssatz i abgezinsten Einzahlungen. ( )

(e) Der Kapitalwert einer lohnenden Investition, die positive jährliche Nettoeinzahlungen aufweist, wird unter sonst gleichen Umständen

- mit steigender Nutzungsdauer im Regelfall steigen; ( )
- mit steigendem Kalkulationszinsfuß i fallen; ( )
- mit steigendem Restwert R abnehmen. ( )

Aufgabe 2

Sie können eine kanadische Goldmine zum Festpreis von 1 000 000 DM erwerben. Ihre Investitionsentscheidungen fällen Sie unter Benutzung der Kapitalwertmethode. Ihr Kalkulationszinsfuß beträgt 9 %.

a) Wie wäre zu entscheiden, wenn das Goldvorkommen eine konstante jährliche Nettoeinzahlung von 315 471 DM für die Zeit von 4 Jahren erbringt? Danach ist das Vorkommen erschöpft. Weitere Zahlungen fallen nicht an.

b) Ermitteln Sie den Kapitalwert für den Fall, daß im Zeitpunkt 2 eine Großreparatur fällig wird, die den Nettobetrag einmalig um 215 471 DM reduziert. Gleichzeitig stellt sich aber heraus, daß das Vorkommen nach 4 Jahren nicht erschöpft ist und im Verkaufsfall 270 000 DM erbringen würde.

c) Warum kann man im Fall b) nicht mit dem Diskontierungssummenfaktor arbeiten?

Aufgabe 3

Der Kapitalwert C_0 einer Investition kann negativ, Null oder positiv sein. Ordnen Sie den in der nachfolgenden Tabelle beschriebenen Möglichkeiten jeweils den richtigen Wert für den Kapitalwert zu.

Ein Investor stellt am Ende der Nutzungsdauer fest, daß ...	Zugehöriger Kapitalwert C_0
... die Investition eine vollständige Wiedergewinnung der Anschaffungsauszahlung, aber nichts darüber hinaus erbringt.	
... die Investition eine vollständige Wiedergewinnung der Anschaffungsauszahlung und eine Verzinsung der jeweils noch ausstehenden Beträge zum Kalkulationszinsfuß erbringt.	
... die Investition eine vollständige Wiedergewinnung der Anschaffungsauszahlung und eine Verzinsung der jeweils noch ausstehenden Beträge zu einem zwei Prozentpunkte über dem Kalkulationszinsfuß liegenden Zinssatz erbringt.	
... die Investition eine vollständige Wiedergewinnung der Anschaffungsauszahlung nebst Zinsen auf die jeweils noch ausstehenden Beträge erbringt und zusätzlich einen barwertigen Überschuß von 123 DM abwirft.	
... die Investition keine vollständige Wiedergewinnung der eingesetzten Mittel erbringt.	

Lösungshinweis: Die Lösungen finden Sie im Lösungsanhang.

3. Interne Zinsfuß-Methode

3.1 Leitfragen zur internen Zinsfuß-Methode

Die interne Zinsfuß-Methode wird von praktischer Seite häufig als besonders brauchbar hervorgehoben. Sie ist derzeit die gebräuchlichste Investitionsrechnungsmethode bei den bundesdeutschen Großunternehmen. Das ist bemerkenswert, wenn man bedenkt, daß die Ermittlung der Rendite (= interner Zinsfuß) einer Investition einen höheren Rechenaufwand erfordert als die Berechnung ihres Kapitalwerts. Die interne Zinsfuß-Methode wird beim praktischen Einsatz meist noch durch weitere Investitionsrechnungsmethoden ergänzt. Sie kann durch folgende Leitfragen erschlossen werden:

- Wie lautet die Entscheidungsregel der internen Zinsfuß-Methode, das interne Zinsfuß-Kriterium, zur Bestimmung der Vorteilhaftigkeit einer Investition?
- Wie wird der interne Zinsfuß graphisch ermittelt?
- Wie wird der interne Zinsfuß rechnerisch ermittelt?
- Wie errechnet man den internen Zinsfuß in praktischen Fällen?
  - Wie errechnet man den internen Zinsfuß im Zweizahlungsfall?
  - Wie errechnet man den internen Zinsfuß bei konstanten jährlichen Nettoeinzahlungen?
  - Wie errechnet man den internen Zinsfuß bei unterschiedlichen jährlichen Einzahlungen?

3.2 Kriterium der internen Zinsfuß-Methode

Man bezeichnet die Rendite oder die Effektivverzinsung, die eine Investition erbringt, als internen Zinsfuß. Dieser Zinssatz wird verglichen mit dem Kalkulationszinsfuß, das ist die Mindestverzinsungsanforderung, die der Investor an das betrachtete Investitionsobjekt stellt. Das Kriterium der internen Zinsfuß-Methode lautet dann: Wenn der interne Zinsfuß r (= erwartete Rendite) einer Investition mindestens so groß ist wie die Mindestverzinsungsanforderung i, die der Investor an das Investitionsobjekt stellt, so ist die betreffende Investition vorteilhaft:

$$\boxed{r \geq i}$$ Internes Zinsfuß-Kriterium

Bei dem internen Zinsfuß-Kriterium handelt es sich also um einen einfachen Zinsvergleich. Die Frage der Vorteilhaftigkeit einer Investition ist stets dann eindeutig beantwortet, wenn die beiden Zinsfüße (interner Zinsfuß sowie Mindestverzinsungsanforderung des Investors) quantifiziert sind. Es sind somit zwei Teilfragen zu stellen und zu beantworten:

1. Welche Höhe hat die Mindestverzinsungsanforderung i des Investors in bezug auf eine Investition?

   Die Möglichkeiten zur Festlegung des Kalkulationszinsfußes haben Sie im Grundlagen-Kapitel kennengelernt. Sie wissen, er wird meist nach dem Schema "Kalkulationszinssatz = Basiszins + Risikozuschlag" fixiert.

2. Welche Höhe hat die Rendite r einer Investition?

   Der interne Zinsfuß einer Investition läßt sich rechnerisch ermitteln. Wir wenden uns im folgenden den Rechenverfahren zur Effektivzinsbestimmung zu.

3.3 Errechnung des internen Zinsfußes

3.3.1 Graphische Methode

Definition

> Unter dem internen Zinsfuß versteht man jenen Zinssatz, bei dessen Anwendung der Kapitalwert einer Investition gleich Null wird oder, was dasselbe besagt, bei dem die barwertigen Einzahlungen mit den barwertigen Auszahlungen übereinstimmen.

3.3 Errechnung des internen Zinsfußes

Um zu verstehen, weshalb man durch die Bedingung $C_0 = 0$ den internen Zinsfuß (= Rendite) einer Investition

> 1. definieren und
> 2. errechnen kann,

wollen wir das Kapitalwertkriterium und das interne Zinsfuß-Kriterium vergleichen. Dem Vergleich soll eine konkrete Investition zugrundegelegt werden, die die folgende, sehr einfache Zahlungsreihe aufweist:

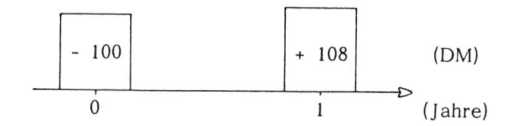

```
    - 100        + 108      (DM)
  ────┼────────────┼────▷
      0           1         (Jahre)
```

Es ist unmittelbar einsichtig, daß die Rendite dieser Investition genau 8 % beträgt, d. h. es gilt $r = 0{,}08$.

Wir prüfen nun, was sich über die Vorteilhaftigkeit dieser Investition aussagen läßt, wenn der Kalkulationszinsfuß beispielhaft verschiedene Werte durchläuft.

alternative Kalkulationszinsfüße	Sachverhalt (allgemein formuliert)	Sachverhalt (gemäß Kapitalwert- und internem Zinsfuß-Kriterium formuliert)
$i_1 = 0{,}06$	Investition ist vorteilhaft	$C_0 > 0$ $r > i$
$i_2 = 0{,}08$	Investition ist eben noch vorteilhaft	$\boxed{C_0 = 0 \\ r = i}$
$i_3 = 0{,}10$	Investition ist unvorteilhaft	$C_0 < 0$ $r < i$

Übersicht: **Vorteilhaftigkeit hängt vom Kalkulationszinssatz ab**

Aus der Übersicht erkennen Sie dreierlei:

1. Bei einem Kalkulationszinssatz von i_1 = 0,06 ergibt sich ein positiver Kapitalwert. Das bedeutet, daß der Investor sein eingesetztes Kapital zurückerhält, er gewinnt für die ausstehenden Beträge die geforderte Mindestverzinsung und zusätzlich einen barwertigen Überschuß in Höhe des Kapitalwertes. Die Rendite ist größer als die Mindestverzinsungsanforderung.

2. Ist der Kalkulationszinssatz gleich der Rendite, so erhält der Investor sein eingesetztes Kapital zurück und gerade eine Verzinsung in Höhe der geforderten Mindestverzinsung. Der Kapitalwert ist Null. Umkehrschluß: Beim Kapitalwert von Null gilt r = i.

3. Steigt der Kalkulationszinsfuß auf i_3 = 0,10, so wird die Investition unvorteilhaft, und es gilt r < i und C_0 < 0.

Von besonderer Bedeutung ist dabei der zweite Punkt. Er enthält die Aussage, daß stets dann, wenn eine Investition eben noch lohnend ist, sowohl C_0 = 0 als auch r = i gelten muß.

Das wollen wir uns graphisch verdeutlichen, indem wir die Kapitalwertkurve des betrachteten Investitionsobjekts in ein Diagramm einzeichnen. Zur Erstellung der Zeichnung sind die zu den drei Kalkulationszinsfüßen gehörenden Kapitalwerte nach dem Schema C_0 = 108 · AbF_1 - 100 auszurechnen. Wir erhalten für die drei Kalkulationszinsfüße folgende Kapitalwerte:

$$i_1 = 0{,}06 \rightarrow C_{0,1} = 108 \cdot 0{,}943396 - 100$$
$$C_{0,1} = +1{,}89 \text{ (DM)}$$

$$i_2 = 0{,}08 \rightarrow C_{0,2} = 108 \cdot 0{,}925926 - 100$$
$$C_{0,2} = \pm 0 \text{ (DM)}$$

$$i_3 = 0{,}10 \rightarrow C_{0,3} = 108 \cdot 0{,}909091 - 100$$
$$C_{0,3} = -1{,}82 \text{ (DM)}$$

3.3 Errechnung des internen Zinsfußes 67

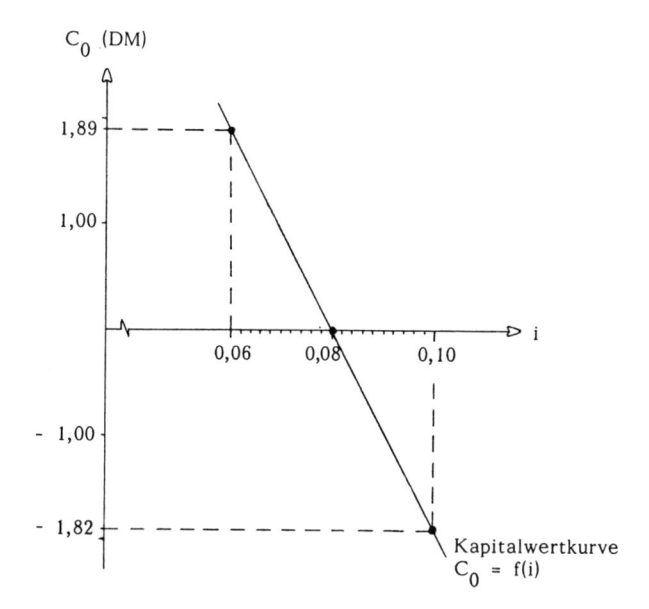

Abbildung: **Kapitalwert sinkt mit steigendem Kalkulationszinsfuß**

Sie sehen, daß die Kapitalwertkurve die Abszisse genau an der Stelle i = 0,08 schneidet. Das heißt: Rechnet man mit einem Kalkulationszinsfuß, der genau die Höhe des internen Zinsfußes hat, so erhält man einen Kapitalwert von Null. Und umgekehrt: Der Zinssatz, bei dem der Kapitalwert Null wird, ist der interne Zinssatz (= Definition des internen Zinssatzes).

Die gezeigte Methode läßt sich allgemein zur Effektivzinsbestimmung bei Realinvestitionen anwenden, indem Sie die Kapitalwerte zu drei verschiedenen Kalkulationszinsfüßen errechnen. Vorher sollten Sie grob abschätzen, in welchem Bereich das Ergebnis, der interne Zinsfuß, liegt und Probierzinssätze aus diesem Bereich wählen.

Beispiel

Ein Unternehmer erwägt die Durchführung einer Investition, die bei einer Anschaffungsauszahlung von 30 000 DM und jährlichen Betriebs- und Instandhaltungsauszahlungen von 3 200 DM pro Jahr 8 000 DM an Einzahlungen erbringt. Die Lebensdauer wird auf 8 Jahre geschätzt. Nach Ablauf der Investition erwartet man einen Restwert von 3 600 DM. Welche Rendite weist diese Investition auf? Ist sie lohnend, wenn der Unternehmer einen Kalkulationszinsfuß von 0,08 ansetzt?

Lösung (graphische Methode):

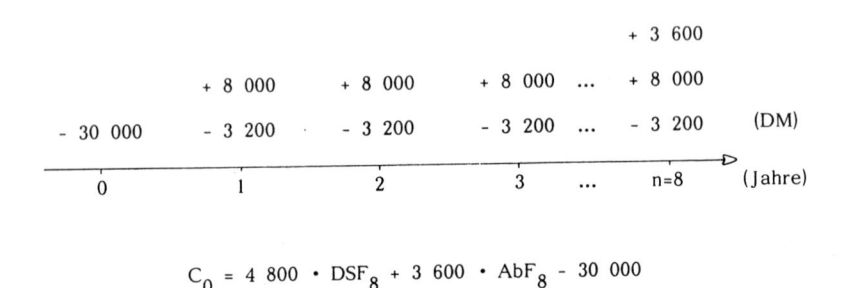

```
                                            + 3 600
                  + 8 000   + 8 000   + 8 000  ...  + 8 000
   - 30 000      - 3 200   - 3 200   - 3 200  ...  - 3 200    (DM)
  ─────┬───────────┬─────────┬─────────┬───────────┬──────────▷
       0           1         2         3    ...   n=8        (Jahre)
```

$$C_0 = 4\,800 \cdot DSF_8 + 3\,600 \cdot AbF_8 - 30\,000$$

Bei der graphischen Ermittlung der Rendite geht man in drei Schritten vor:

1. Ermittlung von drei Kapitalwerten für drei verschiedene Kalkulationszinssätze.

   Die Genauigkeit der graphischen Lösung läßt sich verbessern, wenn man nicht nur zwei Wertepaare, sondern drei ermittelt. So kann gegebenenfalls die Krümmung der Kapitalwertkurve berücksichtigt werden.

2. Einzeichnen der Kapitalwertkurve in ein Koordinatensystem.

3. Ablesen der Rendite am Abszissenschnittpunkt und Vergleich mit dem Kalkulationszinssatz.

$$i_1 = 0,06 \rightarrowtail C_{0,1} = 4\,800 \cdot 6{,}209794 + 3\,600 \cdot 0{,}627412 - 30\,000$$

$$C_{0,1} = +\,2\,066 \text{ (DM)}$$

3.3 Errechnung des internen Zinsfußes

$i_2 = 0,08 \rightarrowtail C_{0,2} = 4\,800 \cdot 5,746639 + 3\,600 \cdot 0,540269 - 30\,000$

$C_{0,2} = -471$ (DM)

$i_3 = 0,10 \rightarrowtail C_{0,3} = 4\,800 \cdot 5,334926 + 3\,600 \cdot 0,466507 - 30\,000$

$C_{0,3} = -2\,713$ (DM)

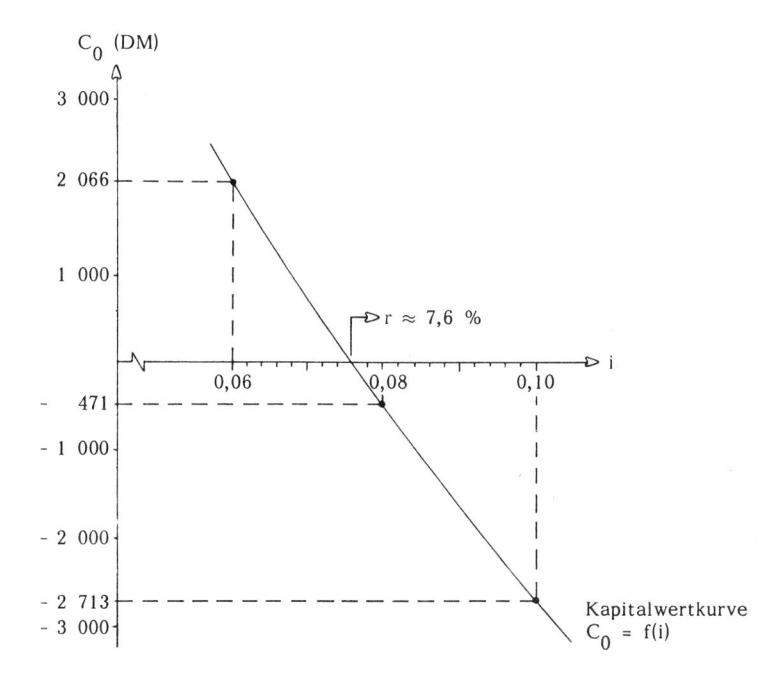

Abbildung: **Kapitalwert sinkt mit steigendem Kalkulationszinsfuß**

Ergebnis

Aus der Abbildung können Sie einen internen Zinsfuß von etwa 7,6 % ablesen. Die Investition ist somit bei einer Mindestverzinsungsanforderung von 8 % nicht lohnend, was auch aus dem bei $i_2 = 0,08$ negativen Kapitalwert hervorgeht.

Wir können die Rendite zeichnerisch beliebig genau bestimmen, indem wir uns die Information, daß das Rechenergebnis bei 7,6 % liegt, zunutze machen. Dies geschieht in der Weise, daß wir den Kurvenausschnitt zwischen i = 0,07 und i = 0,08 herausgreifen und ihn nochmals genau zeichnen. Wir ermitteln also die Kapitalwerte für i_1 = 0,07; i_2 = 0,075 und i_3 = 0,08. Aus einer solchen Zeichnung kann man den internen Zinssatz der Investition bereits mit einer sehr hohen Genauigkeit ablesen. Danach könnte man wiederum einen Kurvenausschnitt, in dem der gefundene Renditewert liegt, herausgreifen und ihn unter Zugrundelegung neuer, noch dichter bei der Rendite liegender Kalkulationszinsfüße in ein Diagramm zeichnen, aus dem sich der interne Zinsfuß noch genauer ablesen lassen würde. So ließe sich die Genauigkeit Schritt für Schritt verbessern.

In der betrieblichen Praxis sind derartige Zusatzrechnungen im Regelfall nicht erforderlich. Abgesehen von der Anschaffungsauszahlung sind bei einer Realinvestition alle in die Investitionsrechnung eingehenden Werte Erwartungswerte, die subjektiv geschätzt werden müssen. Angesichts der Ungenauigkeit der Schätzwerte wäre es sachlich nicht gerechtfertigt, wenn man die Rendite einer betrieblichen Investition mit einer Genauigkeit von Prozentbruchteilen angeben würde.

Anders verhält es sich bei manchen Finanzinvestitionen: Hier existieren Fälle, bei denen die künftigen Zahlungen mit hoher Sicherheit festliegen, so daß genauere Renditeberechnungen sinnvoll sind.

Beispiel

Eine Industrieobligation mit einer Restlaufzeit von 4 Jahren und einem Nennwert von 1 000 DM wird zum Tageskurs von 940 DM gekauft. Die Nominalverzinsung beträgt 6,5 %. Welche Rendite ergibt sich, wenn der Investor sein Engagement bis zur Rückzahlung des Nennwertes nach vier Jahren durchhält?

3.3 Errechnung des internen Zinsfußes

1. Lösung (graphische Methode):

Die Finanzinvestition "Kauf einer 6,5 %-Schuldverschreibung" ergibt das folgende Zeitbild:

```
                                                    + 1 000
    - 940        + 65        + 65       + 65    +    65      (DM)
    ├───────────┼───────────┼──────────┼──────────┼──────────▷
      0           1           2          3          4        (Jahre)
```

$$C_0 = 65 \cdot DSF_4 + 1\,000 \cdot AbF_4 - 940$$

$i_1 = 0{,}07 \rightarrowtail C_{0,1} = 65 \cdot 3{,}387211 + 1\,000 \cdot 0{,}762895 - 940$

$\phantom{i_1 = 0{,}07 \rightarrowtail\ } C_{0,1} = 43{,}06$ (DM)

$i_2 = 0{,}08 \rightarrowtail C_{0,2} = 65 \cdot 3{,}312127 + 1\,000 \cdot 0{,}735030 - 940$

$\phantom{i_2 = 0{,}08 \rightarrowtail\ } C_{0,2} = 10{,}32$ (DM)

$i_3 = 0{,}09 \rightarrowtail C_{0,3} = 65 \cdot 3{,}239720 + 1\,000 \cdot 0{,}708425 - 940$

$\phantom{i_3 = 0{,}09 \rightarrowtail\ } C_{0,3} = -20{,}99$ (DM)

3. Interne Zinsfuß-Methode

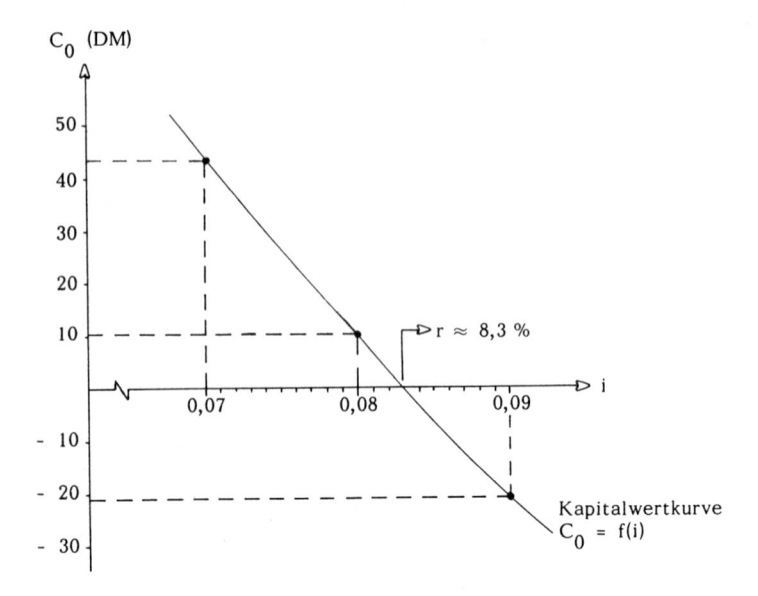

Abbildung: Kapitalwert sinkt mit steigendem Kalkulationszinsfuß

(Graph: C_0 (DM) über i; Punkte bei $i=0{,}07$ mit $C_0 \approx 40$, bei $i=0{,}08$ mit $C_0 \approx 10$, $r \approx 8{,}3\,\%$, bei $i=0{,}09$ mit $C_0 \approx -20$; Kapitalwertkurve $C_0 = f(i)$)

Ergebnis 1

Die Rendite dieser Finanzinvestition liegt zwischen 8 und 8,5 %.

2. Lösung (verbesserte graphische Methode):

Im gegebenen Fall einer Finanzinvestition mit sicheren Zahlungen ist es nicht unsinnig, wenn man die Rendite genauer ausrechnet. Aus der obigen Abbildung erkennen Sie, daß die Kapitalwertkurve die Abszisse zwischen 8 % und 8,5 % schneidet. Wir greifen also diesen Abschnitt heraus und errechnen neben dem bereits bekannten Kapitalwert für $i = 0{,}08$ auch noch jenen für $i = 0{,}085$. Da-

3.3 Errechnung des internen Zinsfußes

bei genügen zwei Wertepaare, wenn der Unterschied zwischen den Zinssätzen einen Prozentpunkt nicht übersteigt.

$i_1 = 0,08 \rightarrow\rightarrow\rightarrow C_{0,1} = + 10,32$ (DM)

$i_2 = 0,085 \rightarrow\rightarrow\rightarrow C_{0,2} = 65 \cdot 3,275597 + 1\ 000 \cdot 0,721574 - 940$

$C_{0,2} = -5,51$ (DM)

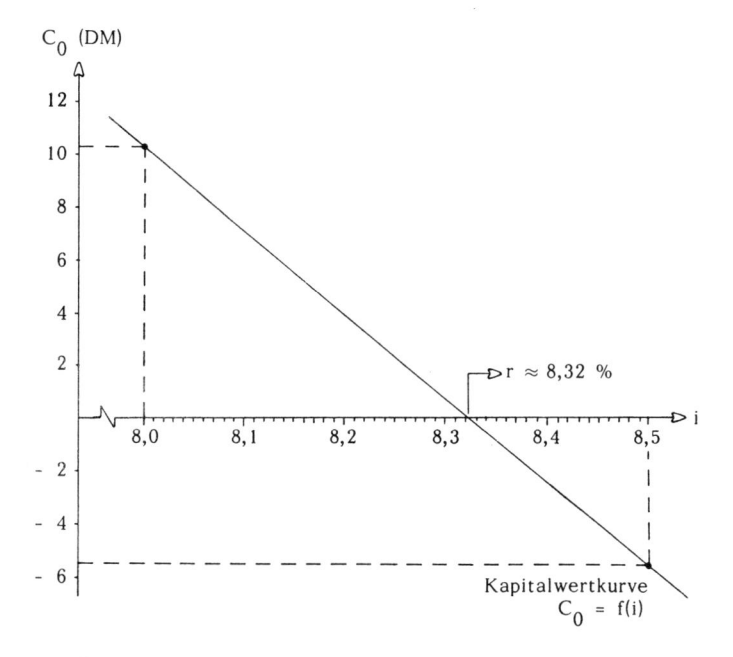

Abbildung: **Kapitalwert sinkt mit steigendem Kalkulationszinsfuß**

Ergebnis 2

Die Abbildung zeigt, daß die Kapitalwertkurve die Abszisse bei einem Renditenwert von 8,32 % schneidet. Dieses Ergebnis weist nur noch eine Ungenauigkeit von einem hundertstel Prozentpunkt auf.

Wird eine noch höhere Genauigkeit gewünscht, so ist der Ausschnitt zwischen den Versuchszinssätzen i_1 = 8,31 % und i_2 = 8,33 % herauszugreifen und zu untersuchen.

3.3.2 Arithmetische Methode (Regula falsi)

Wir bleiben bei unserer 6,5 %-Schuldverschreibung, der Industrieobligation von S. 70, und stellen uns jetzt die Aufgabe, eine hinlänglich genaue Lösung zu finden, die ohne Zeichnung auskommt.

3. Lösung (arithmetische Methode/Regula falsi):

Wir haben für i_1 = 8 % einen positiven und für i_2 = 8,5 % einen negativen Kapitalwert gefunden. Damit ist auch ohne Zeichnung klar, daß die gesuchte Rendite zwischen 8 % und 8,5 % liegen muß. Neben der in den obigen Abbildungen verwendeten graphischen linearen Interpolation kann man den internen Zinsfuß auch rechnerisch durch lineares Interpolieren[1] ermitteln. Dabei geht man nach dem sogenannten Sehnenverfahren (Regula falsi) vor. In der Abbildung ist eine Kapitalwertkurve schematisch aufgezeichnet. Für die beiden Zinssätze i_1 und i_2 wurden die Kapitalwerte $C_{0,1}$ und $C_{0,2}$ errechnet. Man ersetzt nun die Kapitalwertkurve zwischen i_1 und i_2 durch die Sehne P_1P_2, die die i-Achse an der Stelle i = r schneidet.

Man erkennt, daß r der tatsächlichen Lösung r' umso näher kommt, je näher die Versuchszinssätze i_1 und i_2 bei r' liegen. Die Abbildung verdeutlicht auch, daß es bei der rein graphischen Lösung stets empfehlenswert ist, nicht nur mit zwei, sondern mit drei Versuchszinssätzen zu arbeiten, weil so die Krümmung der Kurve berücksichtigt werden kann. Man erhält damit eine genauere Lösung.

---

[1] Interpolation (lat.) = Errechnen von Werten, die zwischen bekannten Funktionswerten liegen.

3.3 Errechnung des internen Zinsfußes

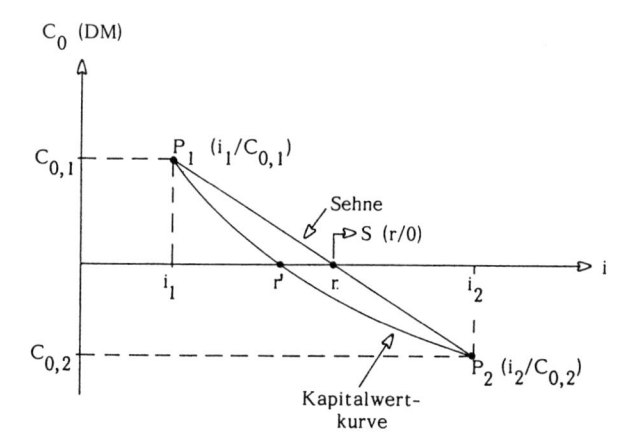

Abbildung: Die Regula falsi ersetzt die Kurve durch eine Gerade

Die Gleichung für die Sehne kann, wenn wir die Koordinaten von P_1 und P_2 kennen, nach der Zwei-Punkte-Form der Geradengleichung aufgestellt werden. Sie lautet allgemein:

$$\frac{y - y_1}{x - x_1} = \frac{y_2 - y_1}{x_2 - x_1}$$

Somit gilt in unserem Fall:

$$\frac{C_0 - C_{0,1}}{r - i_1} = \frac{C_{0,2} - C_{0,1}}{i_2 - i_1}$$

Da wir den Schnittpunkt S der Sehne mit der Abszisse (die Nullstelle) ermitteln wollen, sind in diese Gleichung die Koordinaten von S (r/0) einzusetzen. Sodann ist die Gleichung nach dem Zinssatz aufzulösen. Der so gefundene Ausdruck repräsentiert dann den gesuchten Abszissenwert r.

$$\frac{0 - C_{0,1}}{r - i_1} = \frac{C_{0,2} - C_{0,1}}{i_2 - i_1} \qquad | \text{ Kehrwerte bilden} \rightarrow$$

3. Interne Zinsfuß-Methode

$$\frac{r - i_1}{- C_{0,1}} = \frac{i_2 - i_1}{C_{0,2} - C_{0,1}} \qquad \big| \cdot (- C_{0,1}) \rightarrow$$

$$r - i_1 = - C_{0,1} \cdot \frac{i_2 - i_1}{C_{0,2} - C_{0,1}} \qquad \big| + i_1 \rightarrow$$

Gleichung (1) $\boxed{r = i_1 - C_{0,1} \cdot \frac{i_2 - i_1}{C_{0,2} - C_{0,1}}}$ Regula falsi (Gleichung zur Effektivzinsbestimmung)

Wenn Sie in die Gleichung zur Effektivzinsbestimmung (Regula falsi) die im Rahmen des Beispiels auf S. 73 ermittelten Werte einsetzen, so erhalten Sie:

$$r = 0{,}08 - 10{,}32 \cdot \frac{0{,}085 - 0{,}08}{- 5{,}51 - 10{,}32}$$

$$r = 0{,}08 - 10{,}32 \cdot \frac{0{,}005}{- 15{,}83}$$

$$r = 0{,}08326 = 8{,}33 \; (\%)$$

Der Effektivzins von 8,33 % läßt sich auch mit Hilfe einer Gleichung bestimmen. Die Gleichung zur Effektivzinsberechnung ist bei allen Investitionstypen und -zahlungsverläufen anwendbar.

Voraussetzung ist die Kenntnis zweier Wertepaare; man muß also für zwei Versuchszinssätze den Kapitalwert ausrechnen. Das Ergebnis, der interne Zinsfuß, ist umso genauer, je näher die Versuchszinssätze bei der gefundenen Lösung liegen. Bei betrieblichen Realinvestitionen genügt es, wenn kein Versuchszinssatz weiter als zwei Prozentpunkte vom Ergebnis entfernt ist. Bei Finanzinvestitionen, bei denen es auf mehr Genauigkeit ankommen mag, sollte kein Versuchszinssatz weiter als einen Prozentpunkt vom Ergebnis entfernt sein. Das Ergebnis ist dann meist auf einen hundertstel Prozentpunkt genau.

3.3 Errechnung des internen Zinsfußes

Sowohl die graphische als auch die arithmetische Methode zur Errechnung des internen Zinsfußes stellen Näherungslösungen dar, die allerdings eine beliebig genaue Ermittlung des Rechenergebnisses zulassen. Warum setzt man nicht einfach die Kapitalwertgleichung gleich Null und löst nach der gesuchten Größe, dem internen Zinsfuß auf, um so zur genauen Lösung zu kommen?

Wir wollen diese mögliche Vorgehensweise unter Benutzung der Zahlen unserer 6,5 %-Schuldverschreibung ausprobieren.

1. Kapitalwertfunktion aufstellen: $C_0 = -940 + 65 \cdot \dfrac{(1+i)^4 - 1}{i(1+i)^4} + 1\,000 \cdot \dfrac{1}{(1+i)^4}$

2. Kapitalwertfunktion gleich Null setzen: $0 = -940 + 65 \cdot \dfrac{(1+r)^4 - 1}{r(1+r)^4} + 1\,000 \cdot \dfrac{1}{(1+r)^4}$

3. Kapitalwertfunktion nach r auflösen: Schaffen Sie das?

Wenn es Ihnen so geht wie dem Rest der Menschheit, dann haben Sie Schwierigkeiten mit der Auflösung der Gleichung nach r. Allgemein gilt: Für Werte von n > 3 ist die Auflösung der Kapitalwertfunktion nach dem Zinssatz im Normalfall nicht möglich (Ausnahmen bestätigen die Regel). Also sind Sie im Regelfall auf die Näherungslösung angewiesen.

In einigen praktischen Anwendungsfällen (ewige Rente, restwertgleiche Anschaffungsauszahlung, restwertlose Investition, Zweizahlungsfall) läßt es der besondere Aufbau der Kapitalwertgleichung zu, daß Sie die Rendite ohne Zuhilfenahme des gezeigten Näherungsverfahrens ermitteln können[1].

---

[1] Eine allgemeine Problemlösung und deren Anwendung auf praktische Fälle, bei denen die Zahlungen jährlich nachschüssig anfallen, finden Sie bei: K.-D. DÄUMLER, Grundlagen der Investitions- und Wirtschaftlichkeitsrechnung, 6., überarb. Aufl., Herne u. Berlin 1989, S. 82 ff.

Zur Darstellung von Sonderfällen im unterjährigen Bereich, wenn die Zahlungen beispielsweise monatlich nachschüssig anfallen, vgl. K.-D. DÄUMLER, Praxis der Investitions- und Wirtschaftlichkeitsrechnung, 2., vollst. überarb. Aufl., Herne u. Berlin 1988, S. 81 ff.

3.4 Praktische Anwendung der Gleichung zur Effektivzinsbestimmung

3.4.1 Anwendung der Gleichung im Zweizahlungsfall

Möglicherweise sind Sie der Meinung, der Zweizahlungsfall mit einer heutigen Auszahlung K_0 und einer späteren Einzahlung K_n sei in der Praxis eher selten. Tatsächlich kommt er recht häufig vor, zum Beispiel beim Kauf und späteren Weiterverkauf von

- Edelmetallen,
- Edelsteinen,
- Grundstücken,
- Gebäuden,
- Wertpapieren,
- Kunstgegenständen usw.

Beispiel

Ein Investor hat vor zehn Jahren ein Grundstück, damals Bauerwartungsland, zum Preis von 100 000 DM erworben. Er kann es heute, nachdem es Bauland geworden ist, für 200 000 DM weiterverkaufen.

Ermitteln Sie den internen Zinsfuß der Investition "Kauf eines Grundstücks".

Lösung

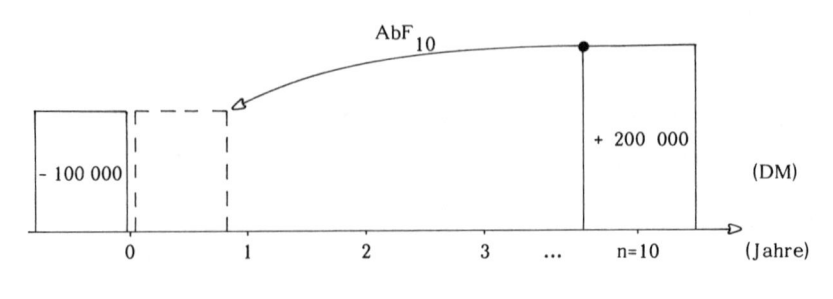

$$C_0 = -K_0 + K_n \cdot AbF_n$$

3.4 Praktische Anwendung der Gleichung zur Effektivzinsbestimmung 79

$i_1 = 7\ \% \rightarrowtail C_{0,1} = -100\ 000 + 200\ 000 \cdot 0{,}508349$

$ C_{0,1} = +1\ 670\ (DM)$

$i_2 = 8\ \% \rightarrowtail C_{0,2} = -100\ 000 + 200\ 000 \cdot 0{,}463193$

$ C_{0,2} = -7\ 361\ (DM)$

$$r = i_1 - C_{0,1} \cdot \frac{i_2 - i_1}{C_{0,2} - C_{0,1}}$$

$$r = 7 - 1\ 670 \cdot \frac{8 - 7}{-7\ 361 - 1\ 670}$$

$$r = 7 + \frac{1\ 670}{9\ 031} = 7{,}18\ (\%)$$

Ergebnis

Der Grundstückskauf verzinst sich mit 7,18 % pro Jahr, wenn nach Ablauf von 10 Jahren ein Weiterverkauf zum doppelten Preis möglich ist.

3.4.2 Anwendung der Gleichung bei konstanten Jahreszahlungen

Bei den meisten praktischen Investitionsrechnungen im Betrieb geht man davon aus, daß nach einer Anschaffungsauszahlung konstante jährliche Nettoeinzahlungen folgen und danach noch ein Restwert (meist Schrottwert) realisierbar ist. Der Restwert kann im Ausnahmefall auch negativ werden, falls Altlasten zu beseitigen sind, Rekultivierung notwendig wird, Demontage- und Deponieauszahlungen anfallen.

Beispiel

Ein Betrieb plant die Errichtung eines Zweigwerks zur Kunststoffherstellung. Man rechnet mit einer Anschaffungsauszahlung von 12 Millionen Mark. Während der Nutzungsdauer von 15 Jahren erwartet man im Jahresdurchschnitt

80   3. Interne Zinsfuß-Methode

jährliche Einzahlungen von 3 487 728 DM und jährliche Betriebs- und Instandhaltungsauszahlungen von 2 000 000 DM.

Was können Sie über die Vorteilhaftigkeit des Objekts aussagen, wenn

a) das Betriebsgelände nach Ablauf der 15 Jahre zum heute vereinbarten Festpreis von 4 471 304 DM an die Gemeinde verkauft wird?

b) das Betriebsgelände nach Ablauf der 15 Jahre für 4 471 304 DM saniert und anschließend kostenlos an die Gemeinde zurückgegeben wird?

Lösung a)

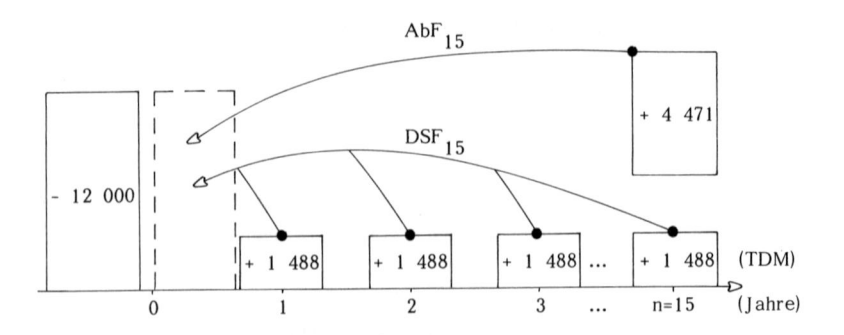

$$C_0 = -12\ 000\ 000 + 1\ 487\ 728 \cdot DSF_{15} + 4\ 471\ 304 \cdot AbF_{15}$$

$i_1 = 10\ \%\ \rightarrowtail\ C_{0,1} = -12\ 000\ 000 + 1\ 487\ 728 \cdot 7{,}606080$
$\phantom{i_1 = 10\ \%\ \rightarrowtail\ C_{0,1} = }+ 4\ 471\ 304 \cdot 0{,}239392$

$C_{0,1} = -12\ 000\ 000 + 11\ 315\ 778 + 1\ 070\ 394$

$C_{0,1} = +386\ 172\ (DM)$

$i_1 = 11\ \%\ \rightarrowtail\ C_{0,2} = -12\ 000\ 000 + 1\ 487\ 728 \cdot 7{,}190870$
$\phantom{i_1 = 11\ \%\ \rightarrowtail\ C_{0,2} = }+ 4\ 471\ 304 \cdot 0{,}209004$

$C_{0,2} = -12\ 000\ 000 + 10\ 698\ 059 + 934\ 520$

$C_{0,2} = -367\ 421\ (DM)$

3.4 Praktische Anwendung der Gleichung zur Effektivzinsbestimmung

$$r = i_1 - C_{0,1} \cdot \frac{i_2 - i_1}{C_{0,2} - C_{0,1}}$$

$$r = 10 - 386\,172 \cdot \frac{11 - 10}{-367\,421 - 386\,172}$$

$$r = 10 + \frac{386\,172}{753\,593} = 10{,}51\ (\%)$$

Ergebnis

Die Errichtung des Zweigwerks läßt einen internen Zinsfuß von rund 10,51 Prozent erwarten. Eine Aussage über die Vorteilhaftigkeit des Zweigwerks kann erst nach einem Vergleich von Kalkulationszinssatz und Effektivzinssatz getroffen werden, der interne Zinsfuß allein sagt nichts über die Vorteilhaftigkeit aus. Lohnend ist das Vorhaben dann, wenn der Investor mit einem Kalkulationszinssatz rechnet, der kleiner gleich 10,51 Prozent ist.

Lösung b)

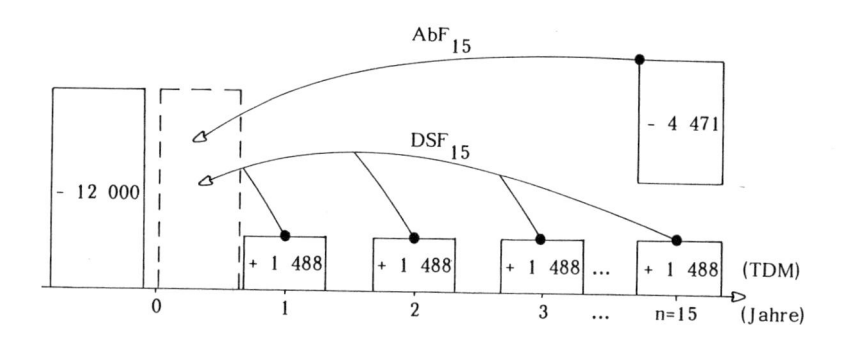

$$C_0 = -12\,000\,000 + 1\,487\,728 \cdot DSF_{15} - 4\,471\,304 \cdot AbF_{15}$$

$$i_1 = 6\ \% \rightarrowtail C_{0,1} = -12\,000\,000 + 1\,487\,728 \cdot 9{,}712249 \\ - 4\,471\,304 \cdot 0{,}417\,265$$

$$C_{0,1} = -12\,000\,000 + 14\,449\,185 - 1\,865\,719 = +583\,466\ (DM)$$

$i_2 = 7\,\% \rightarrowtail C_{0,2} = -12\,000\,000 + 1\,487\,728 \cdot 9{,}107914$
$\phantom{i_2 = 7\,\% \rightarrowtail C_{0,2} =} - 4\,471\,304 \cdot 0{,}362446$

$C_{0,2} = -12\,000\,000 + 13\,550\,099 - 1\,620\,606 = -70\,507\ (DM)$

$$r = i_1 - C_{0,1} \cdot \frac{i_2 - i_1}{C_{0,2} - C_{0,1}}$$

$$r = 6 - 583\,466 \cdot \frac{7 - 6}{-70\,507 - 583\,466}$$

$$r = 6 + \frac{583\,466}{653\,973} = 6{,}89\ (\%)$$

Ergebnis

Das Zweigwerk erbringt wegen der Sanierungsauszahlungen nur noch eine Rendite von 6,89 Prozent, ist also nur dann lohnend, wenn der Investor mit einem Kalkulationszinsfuß rechnet, der 6,89 Prozent nicht übersteigt.

3.4.3 Anwendung der Gleichung bei unterschiedlichen Jahreszahlungen

Die vergleichsweise bequeme Problemlösung mit dem Diskontierungssummenfaktor (DSF) setzt voraus, daß die jährlichen Nettoeinzahlungen im Zeitablauf konstant sind oder zumindest in der Nähe eines bestimmten Durchschnittswerts liegen. Bei größeren Abweichungen vom Durchschnitt wird eine Einzeldiskontierung der jährlichen Zahlungen mit dem Abzinsungsfaktor (AbF) erforderlich, wobei sich meist eine tabellarische Lösung empfiehlt.

Beispiel

Ihr Freund bittet Sie um die Begutachtung seiner vor fünf Jahren vorgenommenen Investition, bei der er 100 Aktien zum Kurswert von 88,50 DM je Stück

3.4 Praktische Anwendung der Gleichung zur Effektivzinsbestimmung 83

erwarb. Die Dividendenzahlung erfolgt jeweils am Jahresende und weist für die einzelnen Jahre folgende Werte auf:

        1. Jahr: 7,00 DM/Aktie
        2. Jahr: 8,00 DM/Aktie
        3. Jahr: 9,00 DM/Aktie
        4. Jahr: 9,00 DM/Aktie
        5. Jahr: 6,00 DM/Aktie

Unmittelbar nach der letzten Dividendenzahlung verkaufte Ihr Freund seine Aktien. Der Kurs zum Verkaufszeitpunkt belief sich auf 77,50 DM/Aktie.

Welche Höhe hat die Effektivverzinsung, die Ihr Freund bei dieser Finanzinvestition erzielt hat? War das Engagement lohnend, wenn Ihr Freund mit einem Kalkulationszinsfuß von $i = 0{,}10$ rechnet?

Lösung

Für eine einzelne Aktie gilt der Zeitstrahl:

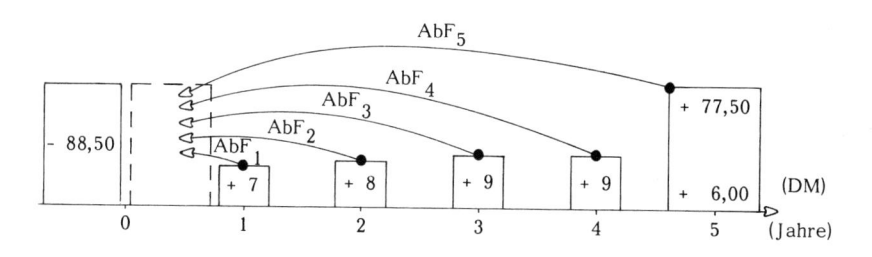

$$C_0 = -88{,}50 + 7 \cdot AbF_1 + 8 \cdot AbF_2 + 9 \cdot AbF_3 + 9 \cdot AbF_4 + 83{,}50 \cdot AbF_5$$

Zeit-punkt	Netto-einzahlung (DM)	AbF (6 %)	Barwerte (6 %) (DM)	AbF (7 %)	Barwerte (7 %) (DM)
	I	II	III = I · II	IV	V = I · IV
0	− 88,50	−	− 88,50	−	− 88,50
1	7,00	0,943396	6,60	0,934579	6,54
2	8,00	0,889996	7,12	0,873439	6,99
3	9,00	0,839619	7,56	0,816298	7,35
4	9,00	0,792094	7,13	0,762895	6,87
5	83,50	0,747258	62,40	0,712986	59,53
Kapitalwert = Summe der Barwerte:			+ 2,31		− 1,22

Übersicht: **Tabellarische Kapitalwertermittlung**

$$r = i_1 - C_{0,1} \cdot \frac{i_2 - i_1}{C_{0,2} - C_{0,1}} = 6 - 2,31 \cdot \frac{7 - 6}{-1,22 - 2,31}$$

$$r = 6 + \frac{2,31}{3,53} = 6,65 \ (\%)$$

Ergebnis

Der interne Zinsfuß des Aktienkaufs beträgt 6,65 %. Dieser Wert liegt unter dem Kalkulationszinssatz Ihres Freundes von 10 %. Somit kann sein Aktienkauf nicht als lohnend bezeichnet werden.

3.5 Checkliste

Fragestellung

Die Methode des internen Zinsfußes kann in der betrieblichen Praxis eingesetzt werden, wenn die Frage zu beantworten ist, ob sich eine Investition lohnt oder nicht.

3.5 Checkliste

Art der Investition

Bei den betrachteten Investitionen kann es sich sowohl um Realinvestitionen (Beispiel: Kauf einer Maschine) als auch um Finanzinvestitionen (Beispiel: Kauf von Wertpapieren) handeln.

Kriterium: $r \geq i$

Eine Investition, deren interner Zinsfuß (Rendite) mindestens die Höhe des Kalkulationszinsfußes erreicht, ist vorteilhaft. Bleibt die Rendite unter dem Kalkulationszinsfuß, so bedeutet dies, daß der Investor die von ihm geforderte Mindestverzinsung nicht erreicht, die Investition ist dann unwirtschaftlich. Bei Gleichheit beider Werte sind Investitionsdurchführung und -unterlassung gleichwertige Alternativen.

Benötigte Informationen

Wie bei der Kapitalwertmethode benötigt der Entscheidende auch bei der internen Zinsfuß-Methode Informationen über den Verlauf der Zahlungsreihe, d. h. über die Höhe der Ein- und Auszahlungen, deren zeitliche Verteilung und die Nutzungsdauer. Ferner muß er seinen Kalkulationszinsfuß festlegen. Er muß A, R, e, a, n und i quantifizieren können.

Risiko

Die zahlenmäßigen Informationen über eine Investition sind im Regelfall risikobehaftet. Bei kleineren und mittleren Objekten empfiehlt es sich, jeweils mit dem wahrscheinlichsten Wert zu rechnen, bei dem sich Risiken und Chancen ganz oder teilweise ausgleichen. Bei Großinvestitionen sollte man spezielle Verfahren zur Risikoberücksichtigung einsetzen.

Kalkulationszinsfuß

Der Kalkulationszinsfuß wird in der betrieblichen Praxis meist in der Größenordnung von 8 % bis 12 % festgelegt, wobei der Sollzinssatz des Kapitalmarktes die Untergrenze bildet. Bei vergleichsweise sicheren Finanzinvestitionen wird man sich eher an der unteren, bei weniger sicheren Realinvestitionen eher an der oberen Grenze orientieren.

Berechnung und Genauigkeit

Die Berechnung des internen Zinsfußes erfolgt meist unter Benutzung einer Formel (Regula falsi), die die Kenntnis zweier Wertepaare (zwei Zinsfüße und jeweils zugehörige Kapitalwerte) verlangt. Für die Genauigkeit der Lösung ist es günstig, wenn die beiden Zinsfüße möglichst dicht bei dem Ergebnis liegen und wenn einer der beiden Kapitalwerte positiv, der andere negativ ist.

Interpretation

Das zahlenmäßige Ergebnis, der interne Zinsfuß, ist im praktischen Fall genau zu interpretieren. So besagt ein interner Zinsfuß von 8 %, daß der Investor alljährlich 8 % auf die jeweils noch im Investitionsobjekt gebundenen Geldbeträge erhält. Das bedeutet bei unterschiedlichen Kalkulationszinssätzen:

- i = 7 %: Der Investor gewinnt das eingesetzte Kapital zurück. Er erhält alljährlich 7 % auf die ausstehenden Beträge und darüber hinaus eine Extraverzinsung von 1 %. Die Investition ist vorteilhaft.

- i = 8 %: Der Investor erhält neben der Wiedergewinnung eine Verzinsung in Höhe seiner Mindestforderung. Die Investition ist gerade noch vorteilhaft.

- i = 9 %: Der Verzinsungsanspruch des Investors wird nicht voll erfüllt. Die Investition ist nicht lohnend.

Formeln und Symbolverzeichnis

Formeln	Symbole
$r = i_1 - C_{0,1} \cdot \dfrac{i_2 - i_1}{C_{0,2} - C_{0,1}}$	r = Rendite (Effektivzinssatz) i_1 = Probierzinssatz Nr. 1 $C_{0,1}$ = Kapitalwert Nr. 1 i_2 = Probierzinssatz Nr. 2 $C_{0,2}$ = Kapitalwert Nr. 2

Test 2: Interne Zinsfuß-Methode

Aufgabe 1

Die folgenden Behauptungen sind zum Teil richtig und zum Teil falsch. Kennzeichnen Sie die Behauptungen mit (+) = richtig, (-) = falsch, ( ) = weiß nicht.

(a) Eine Investition ist stets dann vorteilhaft, wenn

- sie sich zum internen Zinsfuß r verzinst; ( )
- die Anschaffungsauszahlung A wiedergewonnen wird; ( )
- der Kalkulationszinsfuß unter dem internen Zinsfuß liegt. ( )

(b) Der interne Zinsfuß einer Investition

- sagt für sich allein noch nichts über ihre Vorteilhaftigkeit aus; ( )
- liegt über dem Kalkulationszinsfuß, falls die Investition einen positiven Kapitalwert hat; ( )
- ist gleich Null, falls der Kapitalwert der Investition Null ist. ( )

(c) Der interne Zinsfuß der Investition

$$\begin{array}{cccc} & & & +100 \\ -100 & +8 & +8 & (DM) \\ \hline 0 & 1 & 2 & (Jahre) \end{array}$$

- ist gleich Null, falls der Kalkulationszinsfuß gleich Null ist; ( )
- beläuft sich auf 8 %, und zwar unabhängig von der Höhe des Kalkulationszinsfußes; ( )
- ist erst errechenbar, wenn man den Kalkulationszinsfuß des Investors kennt. ( )

(d) Die Effektivverzinsung einer Industrieobligation steigt unter sonst gleichen Umständen

- mit steigendem Ausgabekurs; ( )
- mit steigendem Rückzahlungskurs; ( )
- mit steigendem Nominalzins. ( )

(e) Die Rendite eines Investitionsobjekts

- ist immer positiv, wenn der Restwert des Objekts positiv ist; ( )
- gibt an, wie sich das jeweils im Objekt gebundene Kapital verzinst; ( )
- ist immer dann größer als der Kalkulationszinsfuß, wenn die Nettoeinzahlungen (e - a) des Investitionsobjekts positiv sind. ( )

(f) Der interne Zinsfuß einer Investition sinkt unter sonst gleichen Umständen

- mit steigender Anschaffungsauszahlung A; ( )
- mit steigendem Restwert R; ( )
- mit steigenden jährlichen Betriebs- und Instandhaltungsauszahlungen a. ( )

Aufgabe 2

Sie können eine kanadische Goldmine erwerben. Festpreis 1 000 000 DM. Ihre Investitionsentscheidungen fällen Sie nach der internen Zinsfuß-Methode. Ihr Kalkulationszinsfuß beträgt 9 %.

a) Wie ist zu entscheiden, wenn das Goldvorkommen eine konstante jährliche Nettoeinzahlung von 315 471 DM für die Zeit von 4 Jahren erbringt und danach erschöpft ist (weitere Zahlungen fallen nicht an)? Geben Sie eine Zeitstrahldarstellung und ermitteln Sie den internen Zinsfuß mit Hilfe der Gleichung zur Effektivzinsbestimmung.

b) Ermitteln Sie den internen Zinsfuß für den Fall, daß die folgenden Zusatzinformationen zu berücksichtigen sind:

(1) Eine Großreparatur führt - einmalig im Zeitpunkt 2 - zu einer Reduzierung der Nettoeinzahlungen um 215 471 DM.

(2) Es hat sich herausgestellt, daß die Mine zum Zeitpunkt 4 verkauft werden kann, und zwar für 270 000 DM.

Geben Sie eine Zeitstrahldarstellung sowie eine graphische Lösung mit den Probierzinssätzen 9 %, 10 %, 11 %. Kontrollieren Sie Ihr zeichnerisches Ergebnis mit Hilfe der Gleichung zur Effektivzinsbestimmung.

Test 2: Interne Zinsfuß-Methode

Aufgabe 3

Der interne Zinsfuß einer Investition kann kleiner als der Kalkulationszinsfuß sein, er kann auch gleich oder größer sein. Ordnen Sie den in der Tabelle beschriebenen Möglichkeiten den jeweils zugehörigen Wert der Effektivverzinsung des Objekts im Vergleich zum Kalkulationszinsfuß zu.

Ein Investor stellt am Ende der Nutzungsdauer fest, daß ...	Zugehöriger Effektivzins r
... die Investition eine vollständige Wiedergewinnung der Anschaffungsauszahlung, aber nichts darüber hinaus erbringt.	
... die Investition eine vollständige Wiedergewinnung der Anschaffungsauszahlung und eine Verzinsung der jeweils noch ausstehenden Beträge zum Kalkulationszinsfuß erbringt.	
... die Investition eine vollständige Wiedergewinnung der Anschaffungsauszahlung und eine Verzinsung der jeweils noch ausstehenden Beträge zu einem zwei Prozentpunkte über dem Kalkulationszinsfuß liegenden Zinssatz erbringt.	
... die Investition eine vollständige Wiedergewinnung der Anschaffungsauszahlung nebst Zinsen auf die jeweils noch ausstehenden Beträge erbringt und zusätzlich einen barwertigen Überschuß von 123 DM abwirft.	
... die Investition keine vollständige Wiedergewinnung der eingesetzten Mittel erbringt.	

Lösungshinweis: Die Lösungen finden Sie im Lösungsanhang.

4. Annuitätenmethode

4.1 Leitfragen zur Annuitätenmethode

Die Bedeutung der Annuitätenmethode hat in den letzten Jahren stark zugenommen. Heute wenden rund 25 % der bundesdeutschen Großunternehmungen diese Methode an, meist im Verbund mit der Kapitalwertmethode. Die Annuitätenmethode entspricht in besonderem Maße dem bankmäßigen Denken, weil sie alle mit einer Investition verbundenen Zahlungen gleichmäßig auf die Nutzungsjahre verteilt. Daraus ergeben sich folgende Leitfragen:

- Wie kann man die Anschaffungsauszahlung, also eine heutige Zahlung, unter Berücksichtigung von Zins- und Zinseszins auf die Nutzungszeit verteilen?

- Wie verteilt man den Restwert einer Investition, also eine spätere Zahlung, unter Berücksichtigung von Zins- und Zinseszins auf die Laufzeit der Investition?

- Wie lautet die Entscheidungsregel der Annuitätenmethode, das Annuitätenkriterium, zur Bestimmung der Vorteilhaftigkeit einer Investition?

- Wie errechnet man den durchschnittlichen jährlichen Überschuß in praktischen Fällen?

  - Wie errechnet man den durchschnittlichen jährlichen Überschuß bei konstanten jährlichen Nettoeinzahlungen?

  - Wie errechnet man den durchschnittlichen jährlichen Überschuß bei unterschiedlichen jährlichen Nettoeinzahlungen?

- Welche Beziehung besteht zwischen dem Kapitalwert und dem durchschnittlichen jährlichen Überschuß einer Investition?

Wir haben bei der Annuitätenmethode Verrentungsprobleme zu lösen.

> Rente ist eine in regelmäßigen Zeitabständen erfolgende gleichbleibende Zahlung. Verrentung ist die Umrechnung einer einmaligen Zahlung in eine Reihe gleicher Zahlungen.

4.2 Finanzmathematische Grundlagen

1. Verrentung einer heutigen Zahlung

Beispiel

Der Elektroinstallateur Strippe, 65, möchte seinen Betrieb aus Altersgründen an seinen Nachfolger Stromer übergeben. Anstelle eines Kaufpreises soll Stromer an Strippe alljährlich einen festen Betrag zahlen, und zwar so lange Strippe lebt (= Leibrente). Die Leibrente soll so bemessen sein, daß im Zeitablauf der Betrieb bezahlt wird. Ausstehende Beträge sollen mit 5 % verzinst werden. Der Betrieb ist heute 500 000 DM wert.

Welchen Betrag muß Stromer jährlich zahlen?

Bei der Beantwortung dieser Frage kommt es zunächst auf die Länge der Zeit an, für die die Zahlungen zu leisten sind. Häufig wählt man in diesem Zusammenhang die statistische Lebenserwartung, die in den sogenannten Sterbetafeln für Männer und Frauen verschiedener Altersstufen ausgewiesen ist[1]. Der Tabelle "Durchschnittliche Lebenserwartung" können Sie entnehmen, daß Strippe rechnerisch noch etwa 13 Jahre vor sich hat (wäre er weiblich, hätte die Person noch 17 Jahre vor sich). Ist die Frage nach der Zeit beantwortet, dann stellt sich das Problem der Verrentung des gestundeten Kaufpreises über die 13 Jahre. Allgemein formuliert lautet dieses Problem folgendermaßen:

> Welche über n Jahre laufende Zahlungsreihe mit einer jährlichen Zahlung von g ist bei einem Zinssatz von i einem heute zu leistenden Betrag K_0 äquivalent (wirtschaftlich gleichwertig)?

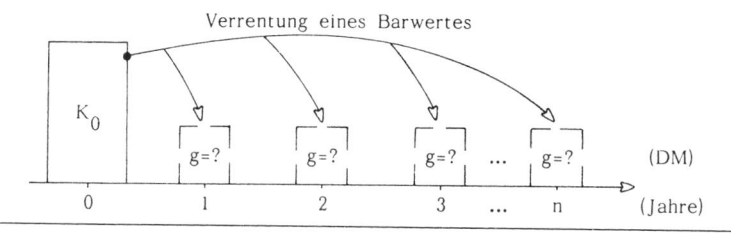

Verrentung eines Barwertes

[1] Vgl. K.-D. DÄUMLER, Finanzmathematisches Tabellenwerk, a.a.O., S. 187.

Probleme dieser Art haben Sie etwa dann zu lösen, wenn

- eine heute fällige Lebensversicherung verrentet werden soll,
- die Anschaffungsauszahlung für ein Investitionsobjekt auf die Laufzeit umzulegen ist,
- die zu einem Darlehen gehörende Annuität (= gleichbleibende Jahreszahlung, bestehend aus Zins- und Tilgungsanteil) zu ermitteln ist.

Im ersten Fall wollen Sie wissen, welche Jahresrente bei Verzicht auf Barauszahlung der Lebensversicherung zu erwarten ist. Dabei besteht die Jahresrente aus zwei Komponenten: den Zinsen auf die einbehaltene Lebensversicherungssumme und einem Kapitalanteil. Bei einer Investition mit einer bestimmten Anschaffungsauszahlung fragen Sie, wie hoch der jährlich (netto) einzunehmende Geldbetrag sein muß, damit erstens die Anschaffungsauszahlung wiedergewonnen wird und zweitens die ausstehenden Beträge zum Kalkulationszinsfuß verzinst werden. Entsprechend fragt man bei einem Darlehen, welcher Jahresbetrag zur Begleichung von Zins und Tilgung anzusetzen ist.

Da Sie das entgegengesetzte Problem, nämlich die Errechnung des Barwertes K_0 einer Zahlungsreihe, bereits lösen können, ist lediglich die auf S. 39 entwickelte Gleichung (4)

$$K_0 = g \cdot \frac{(1+i)^n - 1}{i(1+i)^n} = g \cdot DSF$$

nach der nunmehr gesuchten Größe g aufzulösen.

Der dabei erhaltene Kapitalwiedergewinnungsfaktor (KWF) = $\frac{i(1+i)^n}{(1+i)^n - 1}$ (Kehrwert des Diskontierungssummenfaktors) heißt auch Verrentungsfaktor oder Annuitätenfaktor. Er gestattet die Ermittlung jener Zahlungsreihe, die einer einmaligen, zum Zeitpunkt 0 anfallenden Zahlung wirtschaftlich gleichwertig (äquivalent) ist. Er verteilt einen jetzt fälligen Geldbetrag in gleiche Annuitäten auf die kommenden Jahre (Kurzformel: verwandelt "Einmalzahlung jetzt" in Zahlungsreihe).

4.2 Finanzmathematische Grundlagen

Gelöstes Problem	Neues Problem
Ermittle den Barwert einer Zahlungsreihe	Verrente eine heutige Zahlung
Lösung	Lösung
$K_0 = g \cdot \dfrac{(1+i)^n - 1}{i(1+i)^n} = g \cdot DSF$	Gleichung (1) $g = K_0 \cdot \dfrac{i(1+i)^n}{(1+i)^n - 1} = K_0 \cdot \dfrac{1}{DSF} = K_0 \cdot KWF$ Kapitalwiedergewinnungsfaktor (KWF)

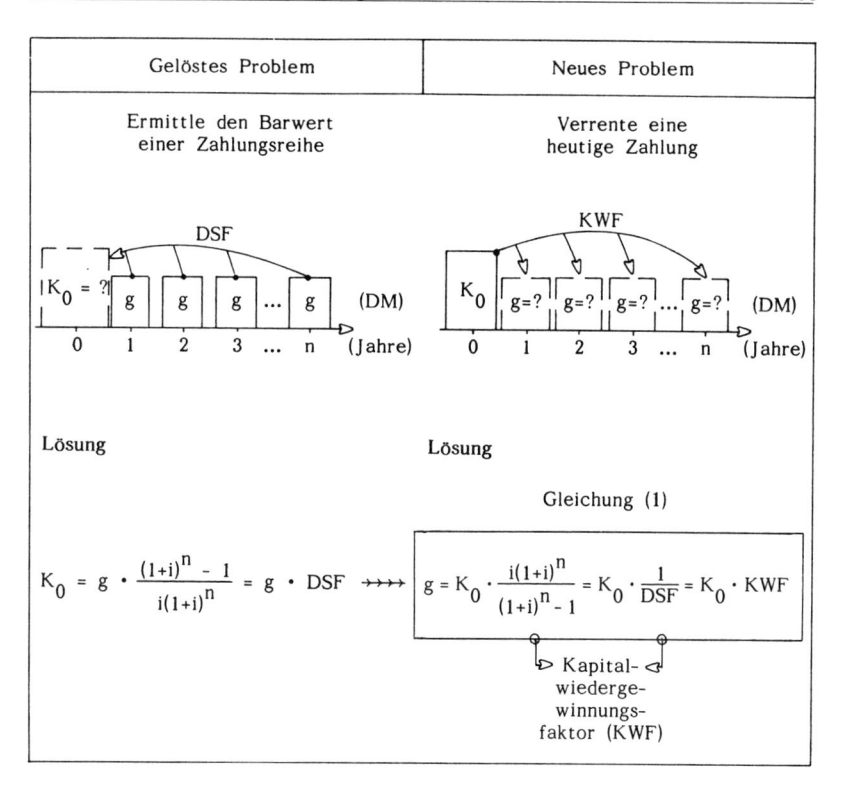

Übersicht: Kapitalwiedergewinnungsfaktor als Kehrwert des Diskontierungssummenfaktors

Lösung der Aufgabenstellung (von S. 91):

Leibrente = heutiger Betrag $\cdot$ KWF_{13} = $K_0 \cdot KWF_{13}$

Leibrente = 500 000 $\cdot$ 0,106456

Leibrente = 53 228 (DM)

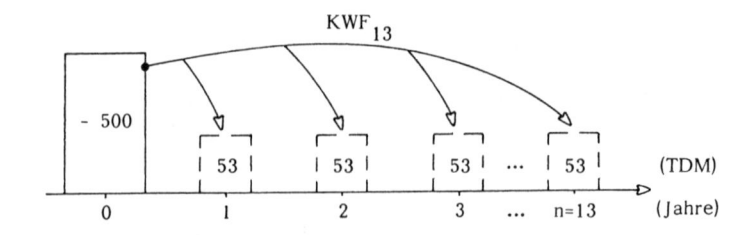

```
                    KWF₁₃
         ┌─────┐ ↙    ↙    ↙      ↘
         │-500 │  ┌──┐ ┌──┐ ┌──┐    ┌──┐
         │     │  │53│ │53│ │53│ ...│53│  (TDM)
         └─────┘  └──┘ └──┘ └──┘    └──┘
            0     1    2    3   ... n=13   (Jahre)
```

Ergebnis

Stromer hat an Strippe eine jährliche Leibrente von 53 228 DM zu zahlen.

Beispiel

Ein Unternehmer, der eine Lebensversicherung abgeschlossen hat, möchte seine im 63. Lebensjahr fällige Lebensversicherungssumme nicht in bar auf die Hand, sondern zieht eine Verrentung vor. Welche Jahresrente wird ihm die Versicherungsgesellschaft anbieten, wenn die Versicherungssumme auf 200 000 DM lautet, eine statistische Restlebenserwartung von 15 Jahren anzusetzen ist und mit einem Kalkulationszinssatz von 0,07 = 7 % gerechnet wird?

Lösung

$g = K_0 \cdot KWF_{15}$

$g = 200\ 000 \cdot 0{,}109795$

$g = 21\ 959$ (DM)

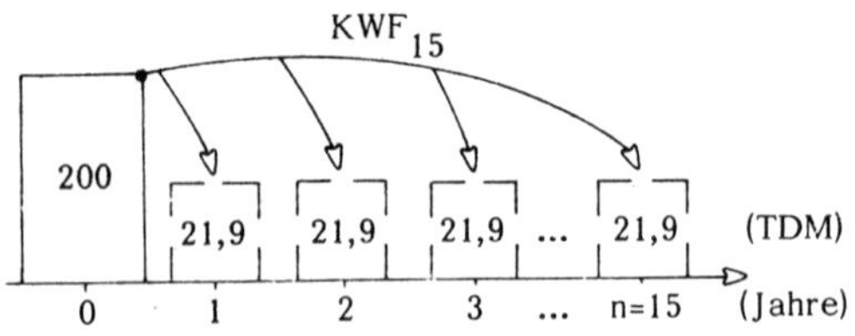

```
                         KWF₁₅
         ┌─────┐ ↙    ↙    ↙      ↘
         │ 200 │  ┌────┐┌────┐┌────┐  ┌────┐
         │     │  │21,9││21,9││21,9│..│21,9│  (TDM)
         └─────┘  └────┘└────┘└────┘  └────┘
            0      1     2    3    ... n=15    (Jahre)
```

Ergebnis

Die der Versicherungssumme von 200 000 DM gleichwertige Zahlungsreihe weist eine Jahresrente von 21 959 DM auf.

4.2 Finanzmathematische Grundlagen

Beispiel

Eine Investition mit einer Anschaffungsauszahlung von 90 000 DM besitzt eine Lebensdauer von 8 Jahren. Der Investor, der mit einem Zinssatz von 0,08 rechnet, will wissen, wie groß der Geldbetrag g ist, der jährlich netto eingenommen werden muß, um die Anschaffungsauszahlung wiederzugewinnen und die ausstehenden Beträge mit dem Kalkulationszinsfuß zu verzinsen.

Lösung

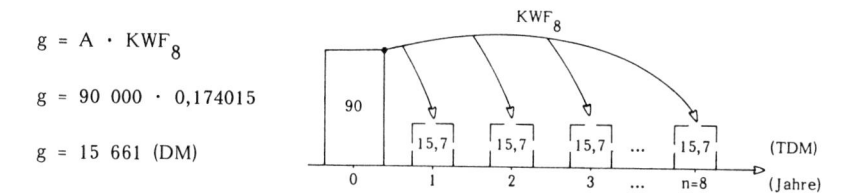

$g = A \cdot KWF_8$

$g = 90\,000 \cdot 0{,}174015$

$g = 15\,661$ (DM)

Ergebnis

Wenn jährlich netto 15 661 DM eingenommen werden, so gewinnt man die Anschaffungsauszahlung in 8 Jahren wieder und erhält die innerhalb der 8 Jahre ausstehenden Beträge zum Kalkulationszinsfuß von 8 % verzinst.

2. Verrentung einer späteren Zahlung

Beispiel

Sigrid Saldo steht kurz vor ihrem Examen in Betriebswirtschaftslehre. Zu ihrer Entspannung und Erbauung überlegt sie, welche Gehaltsforderung sie stellen müßte, um in zehn Jahren Millionärin zu sein. Da sie noch im Schoße der Familie Saldo lebt, könnte sie das Gehalt vollständig sparen. Die Bank zahlt 6 % Zinsen.

Wenn Sie das Problem verallgemeinern, dann gelangen Sie zu folgender Formulierung:

> Gegeben ist eine spätere Zahlung, die Million, fällig zum Zeitpunkt $n = 10$. Gesucht ist die Höhe der Glieder g einer über n Jahren laufenden Zahlungsreihe, die beim Zinssatz i wertmäßig K_n entspricht.

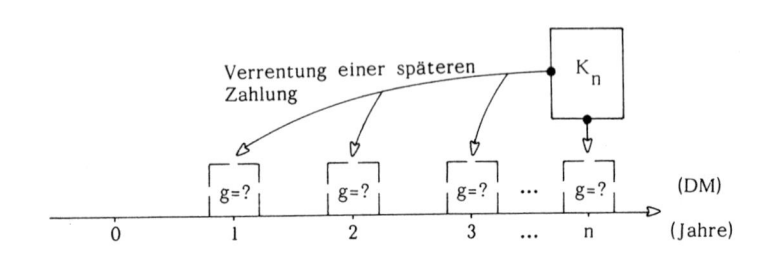

Lösung

Da Sie die Ermittlung einer Zahlungsreihe, die einem, im Zeitpunkt 0 fälligen Betrag äquivalent ist, bereits beherrschen, beschreiten wir folgenden Weg:

1. Wir zinsen zunächst K_n auf den Zeitpunkt 0 ab.
2. Sodann legen wir den so gefundenen Gegenwartswert K_0 mit Hilfe des Kapitalwiedergewinnungsfaktors (KWF) auf n Perioden um.

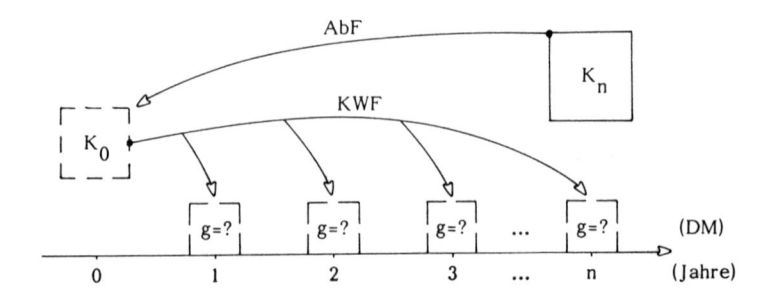

4.2 Finanzmathematische Grundlagen

Somit erhält man die Gleichung:

$$g = K_n \cdot \underbrace{\frac{1}{(1+i)^n}}_{AbF} \cdot \underbrace{\frac{i(1+i)^n}{(1+i)^n - 1}}_{KWF} \quad | \text{ kürzen mit } (1+i)^n \rightarrow$$

$$\underbrace{\phantom{\frac{1}{(1+i)^n}}}_{K_0}$$

Gleichung (2) $\quad \boxed{g = K_n \cdot \frac{i}{(1+i)^n - 1} = K_n \cdot RVF}$

↳ Restwertverteilungsfaktor (RVF)

Der in dieser Rechnung verwendete Faktor heißt Restwertverteilungsfaktor (RVF). Er gestattet die Ermittlung jener Zahlungsreihe, die einem einmaligen Betrag zum Zeitpunkt n äquivalent ist, d. h. er verteilt eine nach n Jahren fällige Einmalzahlung unter Berücksichtigung von Zins und Zinseszins auf die Laufzeit von n Jahren (Kurzformel: verwandelt "Einmalzahlung nach n Jahren" in Zahlungsreihe).

Lösung der Aufgabenstellung (von S. 95):

Sigrid Saldo könnte das Gehalt, das erforderlich wäre, um in zehn Jahren zum Club der Millionärinnen zu gehören, also folgendermaßen bestimmen:

Jahresgehalt = späterer Wert $\cdot RVF_{10} = K_n \cdot RVF_{10}$

Jahresgehalt = 1 000 000 $\cdot$ 0,075868

Jahresgehalt = 75 868 (DM)

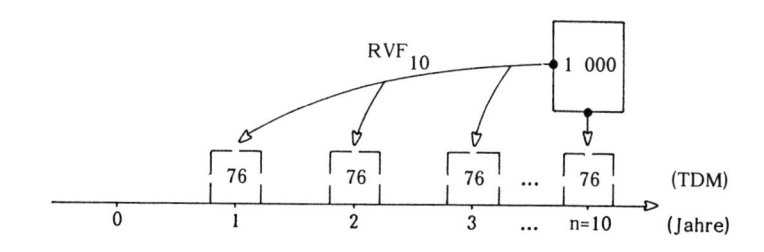

Der Restwertverteilungsfaktor findet praktische Anwendung, wenn es darum geht,

- den Restwert einer Investition auf die Jahre der Nutzung zu verteilen,
- bei gegebenem Endkapital die notwendigen Sparraten zu ermitteln,
- eine nach Ablauf einer Investition fällige Abschlußzahlung auf die Produktionsjahre umzulegen.

Beispiel

Die Braunkohle AG beutet ein Braunkohle-Vorkommen im Tagebau aus. Das Vorkommen kann über 9 Jahre genutzt werden. Danach ist es erschöpft. Im Anschluß an den Tagebau ist die Landschaft zu rekultivieren. Dafür sind am Ende des 9. Jahres 2 Mio DM erforderlich.

Mit welchem Geldbetrag ist jedes Produktionsjahr belastet, wenn man mit einem Zinssatz von 10 % rechnet?

Lösung

$g = R \cdot RVF_9$

$g = 2\ 000\ 000 \cdot 0{,}073641$

$g = 147\ 282$ (DM)

Ergebnis

Die jedem Produktionsjahr anzulastenden Rekultivierungszahlungen betragen 147 282 DM.

4.3 Annuitätenkriterium

Beispiel

Eine über 7 Jahre laufende Investition verspricht, nach Ablauf der 7 Jahre einen Restwert von 20 000 DM abzuwerfen. Welche (fiktive) jährliche Einzahlung entspricht diesem Restwert, falls der Investor mit einem Kalkulationszinssatz von 0,10 rechnet?

Lösung

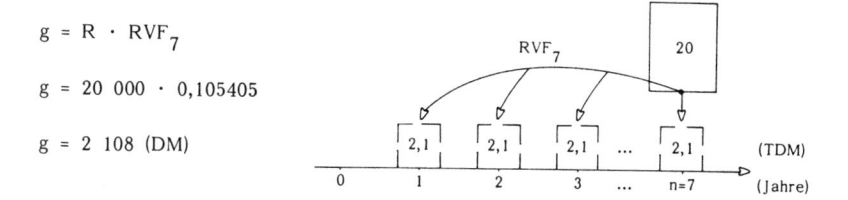

$g = R \cdot RVF_7$

$g = 20\,000 \cdot 0{,}105405$

$g = 2\,108$ (DM)

Ergebnis

Die dem Restwert äquivalente Zahlungsreihe weist eine Jahreszahlung von 2 108 DM auf.

4.3 Annuitätenkriterium

Wir wollen das Annuitätenkriterium, also die Entscheidungsregel der Annuitätenmethode, die uns angibt, unter welchen Voraussetzungen eine Investition vorteilhaft ist, schrittweise entwickeln:

(1) Nach der bereits von der Kapitalwertmethode her bekannten umgangssprachlichen Formulierung unserer Entscheidungsregel läßt sich sagen:

· Eine Investition lohnt sich, wenn sie mindestens so viel erbringt, wie sie kostet.

In den "Kosten" des Objekts sind auch die Zinsansprüche des Investors enthalten.

(2) Berücksichtigt man, daß die korrekten Rechnungselemente nicht Leistungen und Kosten, sondern Ein- und Auszahlungen sind, so erhält man den Satz:

- Eine Investition lohnt sich, wenn ihre Einzahlungen $\geq$ ihre Auszahlungen.

In dieser Fassung ist auch die verbale Formulierung "mindestens so viel wie" durch die Bedingung $\geq$ ersetzt.

(3) Sie wissen, daß Zahlungen, die zu unterschiedlichen Zeitpunkten anfallen, nicht vergleichbar sind (eine DM heute ist mehr wert als eine DM morgen). Wir machen die Zahlungen vergleichbar, indem wir einen finanzmathematisch korrekten Durchschnittswert errechnen.

| Investition lohnt, wenn | ihre durchschnittlichen jährlichen Einzahlungen | $\geq$ | ihre durchschnittlichen jährlichen Auszahlungen |

Ab Schritt (3) ist die Entscheidungsregel rechnerisch korrekt. Abschließend wollen wir nur noch vereinfachen.

(4) Wir schreiben die durchschnittlichen jährlichen Ein- und Auszahlungen kürzer als DJE und DJA und erhalten:

$$\boxed{DJE \geq DJA} \quad \textbf{Annuitätenkriterium}$$

Das Annuitätenkriterium läßt sich auch in der Weise formulieren, daß man die Differenz zwischen den durchschnittlichen jährlichen Ein- und Auszahlungen, also den durchschnittlichen jährlichen Überschuß DJÜ ermittelt:

$$\boxed{\begin{array}{c} DJE - DJA \geq 0 \\ \hline DJÜ \geq 0 \end{array}} \quad \textbf{Annuitätenkriterium}$$

Eine Investition wird nach diesem Kriterium stets dann als lohnend angesehen, wenn die durchschnittlichen jährlichen Einzahlungen DJE beim ge-

4.3 Annuitätenkriterium

wählten Kalkulationszinsfuß mindestens so groß sind wie die durchschnittlichen jährlichen Auszahlungen DJA, d. h. wenn ihr durchschnittlicher jährlicher Überschuß DJÜ größer oder gleich Null ist.

Im praktischen Fall haben Sie also zwei Fragen zu beantworten:

- Wie ermittelt man die durchschnittlichen jährlichen Einzahlungen?
- Wie ermittelt man die durchschnittlichen jährlichen Auszahlungen?

Die durchschnittlichen jährlichen Einzahlungen DJE ermittelt man bei Konstanz der jährlichen Einzahlungen e mit Hilfe der Definitionsgleichung:

$$DJE = e + \text{anteiliger Restwert}$$

Gleichung (3)
$$DJE = e + R \cdot \frac{i}{(1+i)^n - 1} = e + R \cdot RVF$$

⊳ Restwertverteilungsfaktor (RVF)

Die Reihe der Einzahlungen wird also um einen fiktiven Betrag erhöht, der wirtschaftlich dem auf die Investitionslaufzeit verteilten Restwert entspricht.

Für die durchschnittlichen jährlichen Auszahlungen DJA gilt bei Konstanz der jährlichen Betriebs- und Instandhaltungsauszahlungen a die Definitionsgleichung:

$$DJA = a + \text{anteilige Anschaffungsauszahlung}$$

Gleichung (4)
$$DJA = a + A \cdot \frac{i(1+i)^n}{(1+i)^n - 1} = a + A \cdot KWF$$

⊳ Kapitalwiedergewinnungsfaktor (KWF)

Entsprechend wird demnach auch die Reihe der Betriebs- und Instandhaltungsauszahlungen um jenen Betrag erhöht, der wirtschaftlich die auf die Laufzeit umgelegte Anschaffungsauszahlung repräsentiert.

Damit sind - und das ist typisch für die Annuitätenmethode - alle "Einmalzahlungen" finanzmathematisch korrekt auf die Laufzeit verteilt. Die folgenden Zeitbilder zeigen schematisch, daß

1. der Restwert auf die Laufzeit umgelegt wird, was die Reihe der Einzahlungen e um den anteiligen Restwert (= schraffiertes Feld) erhöht;

2. die Anschaffungsauszahlung auf die Jahre der Nutzung verteilt wird, was zu einer Erhöhung der Betriebs- und Instandhaltungsauszahlungen a um die anteilige Anschaffungsauszahlung (= schraffiertes Feld) führt.

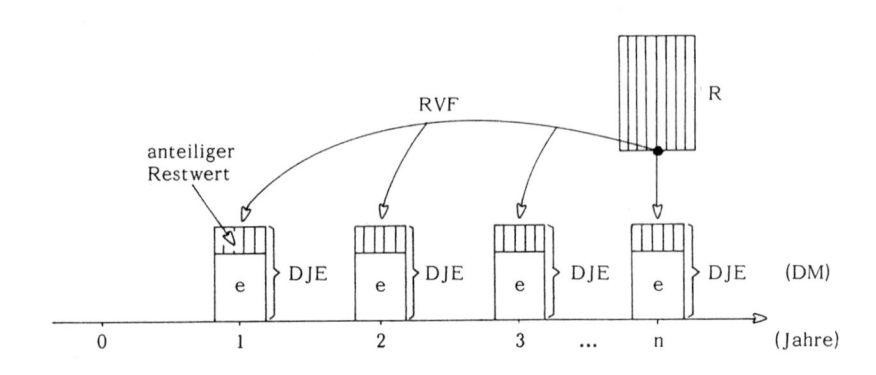

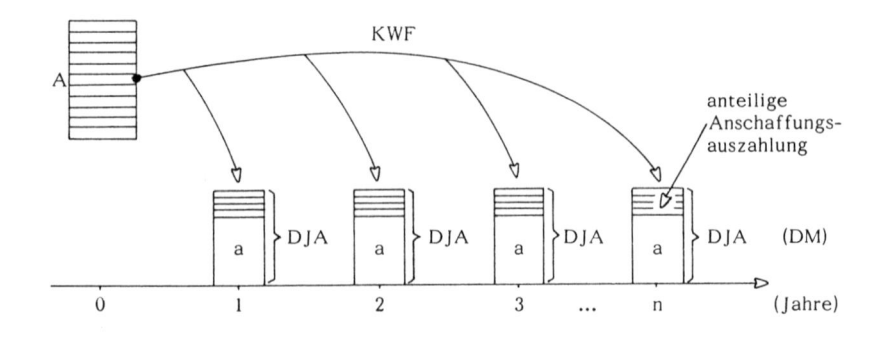

4.4 Ermittlung des durchschnittlichen jährlichen Überschusses

4.4.1 Überschußermittlung bei konstanten Jahreszahlungen

Geht man von im Zeitablauf konstanten jährlichen Ein- und Auszahlungen aus, so lassen sich die Zielgrößen (DJE, DJA und DJÜ) unter Nutzung der Gleichungen (3) und (4) sehr einfach bestimmen.

Beispiel

Ein Betrieb plant den Kauf einer Maschine zum Preis von 20 000 DM. Die Lebensdauer dieser Maschine wird auf vier Jahre geschätzt. In jedem Jahr werden Einzahlungen von 9 000 DM und Auszahlungen von 4 000 DM erwartet. Der Restwert, der nach Ablauf von vier Jahren realisiert werden kann, beläuft sich auf 8 000 DM. Welche Höhe weisen die DJE und DJA auf, falls mit einem Kalkulationszinsfuß von 0,08 gerechnet wird?

Lösung

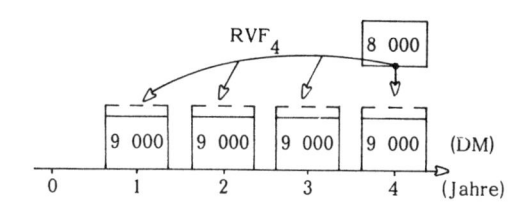

$DJE = e + R \cdot RVF_4$

$DJE = 9\,000 + 8\,000 \cdot 0{,}221921$

$DJE = 9\,000 + 1\,775$

$DJE = 10\,775$ (DM)

4. Annuitätenmethode

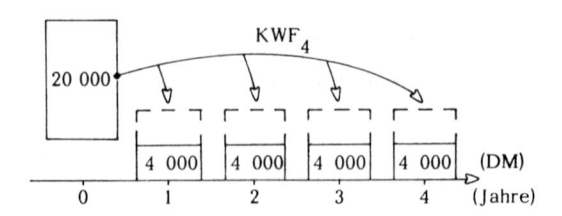

```
         KWF₄
20 000
              4 000  4 000  4 000  4 000  (DM)
    0     1     2     3     4    (Jahre)
```

$DJA = a + A \cdot KWF_4$

$DJA = 4\,000 + 20\,000 \cdot 0{,}301921$

$DJA = 4\,000 + 6\,038$

$DJA = 10\,038$ (DM)

Ergebnis

Die Investition bringt im Jahresdurchschnitt einen Überschuß von 10 775 - 10 038 = 737 DM. Sie ist wegen DJE > DJA und DJÜ > 0 lohnend.

Beispiel

Ein Betrieb beabsichtigt, 100 000 DM zum Zwecke einer besseren Wärmeisolierung der Fertigungshalle zu investieren. Die Halle kann noch 6 Jahre genutzt werden. Danach ist ein Umzug geplant. Wie hoch muß die jährliche Ersparnis (= Minderauszahlung) an Heizkosten mindestens sein, wenn der aufgewandte Betrag mit einer Verzinsung von 12 % p. a. in 6 Jahren wiedergewonnen werden soll?

4.4 Ermittlung des durchschnittlichen jährlichen Überschusses

Lösung

Man multipliziert die Anschaffungsauszahlung mit dem Kapitalwiedergewinnungsfaktor und erhält folgenden Wert für die mindestens erforderliche Minderauszahlung g:

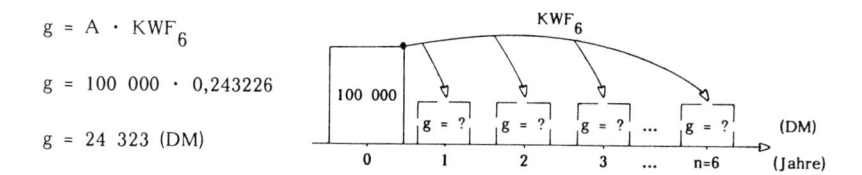

$g = A \cdot KWF_6$

$g = 100\,000 \cdot 0{,}243226$

$g = 24\,323$ (DM)

Ergebnis

Bei einer jährlichen Minderauszahlung von 24 323 DM wird das eingesetzte Kapital von 100 000 DM innerhalb von 6 Jahren zurückgewonnen und die jeweils noch ausstehenden Beträge werden zum Kalkulationszinsfuß von 0,12 verzinst.

4.4.2 Überschußermittlung bei unterschiedlichen Jahreszahlungen

These

Der durchschnittliche jährliche Überschuß DJÜ läßt sich auch in der Weise ermitteln, daß man zunächst den Kapitalwert C_0 errechnet und diesen dann mit Hilfe des Kapitalwiedergewinnungsfaktors (KWF) gleichmäßig auf die Nutzungsjahre verteilt.

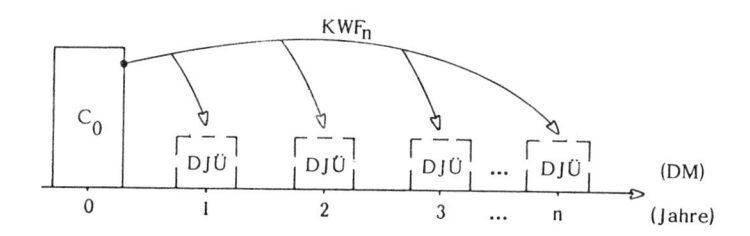

Wenn die These stimmt, dann müßte sich für das vorletzte Beispiel ein durchschnittlicher jährlicher Überschuß von 737 DM auch in der Weise nachweisen lassen, daß man den Kapitalwert ermittelt und diesen mit dem Kapitalwiedergewinnungsfaktor (KWF) auf die Nutzungsjahre verteilt. Das soll anhand der Daten des vorletzten Beispiels überprüft werden.

Beispiel

Gegeben ist die auf Seite 103 beschriebene Investition mit:

A = 20 000 (DM),
e = 9 000 (DM),
a = 4 000 (DM),
R = 8 000 (DM),
n = 4 (Jahre).

```
                                          + 8
     - 20      + 5      + 5      + 5      + 5     (TDM)
    ─────────────────────────────────────────────▷
      0         1        2        3        4      (Jahre)
```

Man ermittle den Kapitalwert und den durchschnittlichen jährlichen Überschuß beim Kalkulationszinsfuß von i = 8 %.

Lösung

$C_0 = -A + (e - a) \cdot DSF_4 + R \cdot AbF_4$

$C_0 = -20\ 000 + 5\ 000 \cdot 3{,}312127 + 8\ 000 \cdot 0{,}735030$

$C_0 = -20\ 000 + 16\ 561 + 5\ 880 = 2\ 441$ (DM)

$DJÜ = C_0 \cdot KWF_4$

$DJÜ = 2\ 441 \cdot 0{,}301921 = 737$ (DM)

4.4 Ermittlung des durchschnittlichen jährlichen Überschusses 107

Der vermutete Zusammenhang zwischen Kapitalwert und durchschnittlichem jährlichem Überschuß läßt sich also nachweisen: Man kann den durchschnittlichen jährlichen Überschuß auch durch Multiplikation des Kapitalwertes mit dem Kapitalwiedergewinnungsfaktor erhalten.

Für die Ermittlung des durchschnittlichen jährlichen Überschusses gibt es also zwei Möglichkeiten:

Gleichung (5)

$$DJÜ = DJE - DJA$$
$$DJÜ = C_0 \cdot KWF$$

Definitionsgleichungen für DJÜ

Ebenso gibt es zwei Möglichkeiten, um die Verknüpfung zwischen dem Kapitalwert C_0 und dem durchschnittlichen jährlichen Überschuß DJÜ darzustellen:

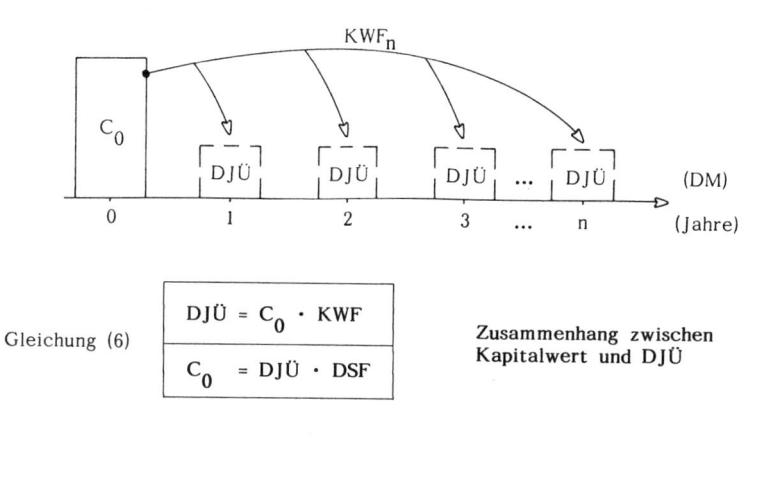

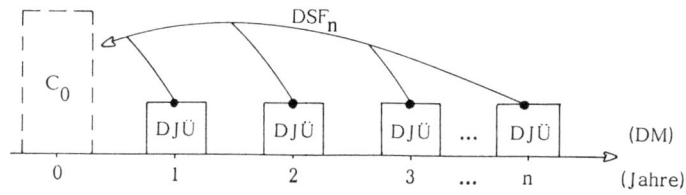

Gleichung (6)

$$DJÜ = C_0 \cdot KWF$$
$$C_0 = DJÜ \cdot DSF$$

Zusammenhang zwischen Kapitalwert und DJÜ

4. Annuitätenmethode

Beispiel

Ein Investor plant den Erwerb einer Immobilie für 150 000 DM in einem Sanierungsgebiet. Er weiß aufgrund seiner guten Kontakte zur Kommunalverwaltung, daß das Objekt nach 5 Jahren wegsaniert wird. Ebenso ist ihm die Entschädigungszahlung bekannt; sie beläuft sich auf 160 000 DM. Die Bruttomiete fällt im Zeitablauf. Die Betriebs- und Instandhaltungsauszahlungen steigen (vgl. Zeitstrahl). Ermitteln Sie die durchschnittlichen jährlichen Ein- und Auszahlungen, den durchschnittlichen jährlichen Überschuß und den Kapitalwert der Investition bei einem Kalkulationszinssatz von 10 %.

```
                                              + 160
            + 35     + 32     + 30    + 28    + 26
  - 150     -  5     - 10     - 15    - 20    - 26     (TDM)
  ─────────────────────────────────────────────────▷
    0        1        2        3       4       5      (Jahre)
```

Lösung

Ermittlung der durchschnittlichen jährlichen Einzahlungen DJE:

Zeitpunkt	Einzahlung (DM)	AbF (10 %)	Barwert (DM)
	I	II	III = I · II
1	35 000	0,909091	31 818
2	32 000	0,826446	26 446
3	30 000	0,751315	22 539
4	28 000	0,683013	19 124
5	186 000	0,620921	115 491
Einzahlungsbarwert E_0:			215 418

$DJE = E_0 \cdot KWF_5$

$DJE = 215\ 418 \cdot 0,263797 = 56\ 827$ (DM)

4.4 Ermittlung des durchschnittlichen jährlichen Überschusses

Ermittlung der durchschnittlichen jährlichen Auszahlungen DJA:

Zeitpunkt	Auszahlung (DM)	AbF (10 %)	Barwert (DM)
	I	II	III = I · II
0	150 000	–	150 000
1	5 000	0,909091	4 545
2	10 000	0,826446	8 264
3	15 000	0,751315	11 270
4	20 000	0,683013	13 660
5	26 000	0,620921	16 144
Auszahlungsbarwert A_0:			203 883

$$DJA = A_0 \cdot KWF_5$$

$$DJA = 203\,883 \cdot 0{,}263797 = 53\,784 \text{ (DM)}$$

Durchschnittlicher jährlicher Überschuß DJÜ als Differenz zwischen DJE und DJA:

$$\begin{aligned} DJE &= 56\,827 \text{ (DM)} \\ -DJA &= 53\,784 \text{ (DM)} \\ \hline DJÜ &= 3\,043 \text{ (DM)} \end{aligned}$$

Durchschnittlicher jährlicher Überschuß DJÜ als Produkt von C_0 und KWF:

(1) Kapitalwertermittlung

– 150	+ 30	+ 22	+ 15	+ 8	+ 160	(TDM)
0	1	2	3	4	5	(Jahre)

Zeitpunkt	Zahlung (netto) (DM)	AbF (10 %)	Barwert (DM)
	I	II	III = I · II
0	- 150 000	-	- 150 000
1	30 000	0,909091	27 273
2	22 000	0,826446	18 182
3	15 000	0,751315	11 270
4	8 000	0,683013	5 464
5	160 000	0,620921	99 347
Kapitalwert = barwertiger Überschuß C_0:			11 536

(2) Kapitalwertverteilung

Zwischen dem barwertigen Überschuß im Sinne der Kapitalwertmethode und dem durchschnittlichen jährlichen Überschuß gemäß Annuitätenmethode besteht folgender Zusammenhang:

Gleichung (6) $DJÜ = C_0 \cdot KWF_n$

Bei gegebenem Kapitalwert erhalten Sie den durchschnittlichen jährlichen Überschuß, indem Sie den barwertigen Überschuß C_0 mit dem Kapitalwiedergewinnungsfaktor auf die Laufzeit der Investition verteilen.

Bei unserem Immobilienbeispiel ermittelten wir einen Kapitalwert von 11 536 DM. Somit gilt für den durchschnittlichen jährlichen Überschuß:

$$DJÜ = C_0 \cdot KWF_5 = 11\ 536 \cdot 0,263797 = 3\ 043\ (DM).$$

Probe:

Gleichung (6) $\boxed{C_0 = DJÜ \cdot DSF_n}$

Ist umgekehrt der durchschnittliche jährliche Überschuß gegeben, dann erhalten Sie den barwertigen Überschuß C_0, indem Sie die jährlichen Durchschnittswerte mit dem Diskontierungssummenfaktor kapitalisieren.

Beim Immobilienbeispiel sehen Sie, daß der durchschnittliche jährliche Überschuß 3 043 DM beträgt. Wenn Sie von diesem Wert ausgehen, erhalten Sie den Kapitalwert wie folgt:

$$C_0 = DJÜ \cdot DSF_5 = 3\,043 \cdot 3{,}790787 = 11\,535 \text{ (DM).}$$

4.5 Checkliste

Fragestellung

Die Annuitätenmethode kann eingesetzt werden, wenn es um die Beantwortung der Frage geht, ob eine Investition lohnend ist oder nicht.

Grundgedanke: Bei der Annuitätenmethode werden sämtliche Einmalzahlungen in Zahlungsreihen umgerechnet (verrentet). Der Restwert wird mit Hilfe des RVF auf die Nutzungsjahre verteilt; man erhält so den anteiligen Restwert pro Periode. Die Anschaffungsauszahlung wird mit Hilfe des KWF auf die Laufzeit umgelegt; man erhält so die anteilige Anschaffungsauszahlung pro Periode.

Kriterium: $DJE \geq DJA$; $DJÜ \geq 0$

Eine Investition ist lohnend, wenn die mit ihr verbundenen durchschnittlichen jährlichen Einzahlungen DJE mindestens so groß sind wie ihre durchschnittlichen jährlichen Auszahlungen DJA. Man kann auch sagen: sie ist lohnend, wenn im Jahresdurchschnitt ein Überschuß $DJÜ = DJE - DJA$ entsteht, der größer oder gleich Null ist.

4. Annuitätenmethode

Benötigte Informationen

Der Investor muß Vorstellungen über den Verlauf der mit einer Investition verbundenen Zahlungen, über die Nutzungsdauer und die Höhe des Kalkulationszinsfußes besitzen. Er muß A, R, e, a, n und i quantifizieren können.

Risiko

Diese zahlenmäßigen Informationen sind naturgemäß mit Risiko behaftet; bei kleineren und mittleren Investitionen empfiehlt es sich, jeweils mit dem wahrscheinlichsten Wert zu rechnen. Bei Großinvestitionen sollte man spezielle Verfahren zur Risikoberücksichtigung einsetzen.

Kalkulationszinsfuß

Der Kalkulationszinsfuß wird in der betrieblichen Praxis meist in der Größenordnung von 8 % bis 12 % festgelegt, wobei der Sollzinssatz des Kapitalmarktes die Untergrenze bildet. Bei vergleichsweise sicheren und eigenfinanzierten Investitionen kann auch der Habenzinssatz als Basis in Frage kommen.

Berechnung

In der Praxis verzichtet man meist auf eine getrennte Berechnung der DJE und DJA. Vielmehr ermittelt man zunächst den Kapitalwert einer Investition und verteilt diesen dann mit Hilfe des Kapitalwiedergewinnungsfaktors (KWF) auf die Nutzungsjahre. Diese Berechnungsweise hat unter anderem den Vorteil, daß man gleichzeitig über zwei Beurteilungskriterien, den Kapitalwert und den durchschnittlichen jährlichen Überschuß, verfügt.

Interpretation

Das zahlenmäßige Ergebnis, der durchschnittliche jährliche Überschuß, ist genau zu interpretieren.

Ein DJÜ von z. B. + 25 DM besagt: Der Investor gewinnt erstens sein eingesetztes Kapital zurück, erhält zweitens eine Verzinsung in Höhe des Kalkulationszinsfußes auf die jeweils noch ausstehenden Beträge und gewinnt drittens darüber hinaus im Jahresdurchschnitt einen Überschuß von 25 DM. Die Investition ist vorteilhaft.

Ein DJÜ von z. B. 0 DM besagt: Der Investor gewinnt erstens sein eingesetztes Kapital zurück, erhält zweitens eine Verzinsung der jeweils noch ausstehenden Beträge in Höhe des Kalkulationszinsfußes. Darüber hinaus wird nichts erzielt. Die Investition ist eben noch lohnend.

Ein DJÜ von z. B. - 15 DM besagt: Der Investor erleidet in jeder Periode einen Verlust von durchschnittlich 15 DM. Dieser Verlust kann dadurch zustande kommen, daß die geforderte Mindestverzinsung auf die ausstehenden Beträge nicht erzielt wird. Er kann auch dadurch entstehen, daß außerdem die investierten Mittel nicht oder nicht in voller Höhe wiedergewonnen werden. In beiden Fällen ist die Investition unvorteilhaft.

4.5 Checkliste

Formeln und Symbolverzeichnis

Formeln	Symbole
$K_0 = g \cdot DSF$ $K_0 = g \cdot \dfrac{(1+i)^n - 1}{i(1+i)^n}$ $g = K_0 \cdot \dfrac{i(1+i)^n}{(1+i)^n - 1}$ $g = K_0 \cdot KWF$	K_0 = Geldbetrag zum Zeitpunkt 0 g = konstanter Geldbetrag pro Jahr DSF = Diskontierungssummenfaktor KWF = Kapitalwiedergewinnungsfaktor
$K_n = g \cdot EWF$ $K_n = g \cdot \dfrac{(1+i)^n - 1}{i}$ $g = K_n \cdot \dfrac{i}{(1+i)^n - 1}$ $g = K_n \cdot RVF$	EWF = Endwertfaktor K_n = Geldbetrag zum Zeitpunkt n RVF = Restwertverteilungsfaktor
$DJE = e + R \cdot RVF$ $DJE = e + R \cdot \dfrac{i}{(1+i)^n - 1}$	e = konstante jährliche Einzahlungen DJE = durchschnittliche jährliche Einzahlungen
$DJA = a + A \cdot KWF$ $DJA = a + A \cdot \dfrac{i(1+i)^n}{(1+i)^n - 1}$	a = konstante jährliche Betriebs- und Instandhaltungsauszahlungen DJA = durchschnittliche jährliche Auszahlungen
$DJÜ = DJE - DJA$ $DJÜ = C_0 \cdot KWF$ $C_0 = DJÜ \cdot DSF$	DJÜ = durchschnittlicher jährlicher Überschuß C_0 = Kapitalwert

Test 3: Annuitätenmethode

Aufgabe 1

Die folgenden Behauptungen sind zum Teil richtig und zum Teil falsch. Kennzeichnen Sie die Behauptungen mit (+) = richtig, (-) = falsch, ( ) = weiß nicht.

(a) Im Rahmen der Annuitätenmethode

- ermittelt man die durchschnittlichen jährlichen Ein- und Auszahlungen und/oder den durchschnittlichen jährlichen Überschuß DJÜ;   ( )
- ergibt sich der durchschnittliche jährliche Überschuß DJÜ durch Multiplikation des Kapitalwertes mit dem Kapitalwiedergewinnungsfaktor KWF;   ( )
- erhält man den Kapitalwert C_0 durch Multiplikation des durchschnittlichen jährlichen Überschusses mit dem Diskontierungssummenfaktor DSF.   ( )

(b) Nach dem Annuitätenkriterium gilt eine Investition als vorteilhaft, wenn

- ihre durchschnittlichen jährlichen Einzahlungen DJE positiv sind;   ( )
- ihr durchschnittlicher jährlicher Überschuß DJÜ größer oder gleich Null ist;   ( )
- die Differenz zwischen den jährlichen Einzahlungen e und den Betriebs- und Instandhaltungsauszahlungen a positiv ist.   ( )

(c) Der durchschnittliche jährliche Überschuß einer Investition

- kann niemals negativ werden, wenn ihre durchschnittlichen jährlichen Nettoeinzahlungen (e - a) positiv sind;   ( )
- fällt unter sonst gleichen Umständen mit steigendem Kalkulationszinsfuß;   ( )
- fällt unter sonst gleichen Umständen im Regelfall mit steigender Nutzungsdauer n.   ( )

(d) Der durchschnittliche jährliche Überschuß DJÜ einer vorteilhaften Investition steigt unter sonst gleichen Umständen

- mit steigendem Restwert R;   ( )
- mit steigender Anschaffungsauszahlung A;   ( )
- mit steigenden Betriebs- und Instandhaltungsauszahlungen a.   ( )

Test 3: Annuitätenmethode   115

(e) Wenn der durchschnittliche jährliche Überschuß DJÜ einer Investition gleich Null ist, dann

  - ist ihr Kapitalwert größer Null;   ( )
  - stimmen Kalkulationszinsfuß und interner Zinssatz überein;   ( )
  - haben die Nettoeinzahlungen (e - a) stets den Wert Null.   ( )

Aufgabe 2

Ein Betrieb plant eine Erweiterungsinvestition. Man erwartet zusätzliche jährliche Einzahlungen von e = 32 000 DM und zusätzliche jährliche Betriebs- und Instandhaltungsauszahlungen von a = 12 000 DM. Die Anschaffungsauszahlung beläuft sich auf A = 80 000 DM. Die Lebensdauer beträgt n = 5 Jahre. Danach kann noch ein Restwert von R = 4 000 DM realisiert werden.

a) Ermitteln Sie die DJE und DJA für einen Kalkulationszinssatz von i_1 = 12 % und i_2 = 6 %.

b) Ermitteln Sie den Kapitalwert C_0 und den durchschnittlichen jährlichen Überschuß DJÜ für den Fall, daß die Betriebs- und Instandhaltungsauszahlungen a im Erstjahr 10 000 DM betragen und in der Folgezeit jährlich um 1 000 DM steigen. Der Kalkulationszinsfuß beläuft sich auf 0,06 = 6 %.

Aufgabe 3

Der durchschnittliche jährliche Überschuß DJÜ einer Investition kann negativ, Null oder positiv sein. Ordnen Sie den fünf in der Tabelle dargestellten Möglichkeiten jeweils den richtigen DJÜ zu, und zwar so genau wie möglich.

Ein Investor stellt am Ende der Nutzungsdauer fest, daß ...	Zugehöriger DJÜ
... die Investition keine vollständige Wiedergewinnung der eingesetzten Mittel erbringt.	
... die Investition eine vollständige Wiedergewinnung der Anschaffungsauszahlung, aber nichts darüber hinaus erbringt.	
... die Investition eine vollständige Wiedergewinnung der Anschaffungsauszahlung und eine Verzinsung der jeweils noch ausstehenden Beträge zu einem zwei Prozentpunkte über dem Kalkulationszinsfuß liegenden Zinssatz erbringt.	
... die Investition eine vollständige Wiedergewinnung der Anschaffungsauszahlung und eine Verzinsung der jeweils noch ausstehenden Beträge zum Kalkulationszinsfuß erbringt.	
... die Investition eine vollständige Wiedergewinnung der Anschaffungsauszahlung nebst Verzinsung der jeweils noch ausstehenden Beträge mit dem Kalkulationszinssatz erbringt und zusätzlich einen durchschnittlichen jährlichen Überschuß von 151 DM abwirft.	

Lösungshinweis: Die Lösungen finden Sie im Lösungsanhang.

5. Amortisationsrechnung

5.1 Leitfragen zur Amortisationsrechnung

Bei der Amortisationsrechnung, die auch als Kapitalrückflußrechnung, pay-off-, pay-back- oder pay-out-Rechnung bezeichnet wird, sind zwei grundsätzlich verschiedene Verfahren zu unterscheiden, nämlich die statische und die dynamische Form der Amortisationsrechnung.

Die statische Rechnungsart ermittelt den Zeitraum, der vergeht, bis sich die Investition in dem Sinne bezahlt gemacht hat, daß die Anschaffungsauszahlung mit Hilfe der später anfallenden positiven Nettoeinzahlungen (Rückflüsse) wiedergewonnen wird. Die statische Amortisationszeit vernachlässigt also etwaige Zinsansprüche des Investors und rechnet mit einem Zinssatz von Null. Diese Schwachstelle beseitigt die dynamische Variante der Amortisationsrechnung. Sie ermittelt jenen Zeitraum, innerhalb dessen das eingesetzte Kapital zuzüglich einer Verzinsung der ausstehenden Beträge wiedergewonnen wird.

Die Praxis legt auf die Kenntnis der Amortisationszeit großen Wert. Rund 50 % der deutschen Großunternehmungen ermitteln die Amortisationszeit. Von diesen wiederum führen 47 % eine statische und 53 % eine dynamische Amortisationszeitbestimmung durch. Selten allerdings erfolgt die Investitionsentscheidung allein auf Grund der Amortisationszeiten. Meist wird die Amortisationszeit als zusätzliches Kriterium zur Investitionsbeurteilung herangezogen. Insbesondere die Risikobeurteilung wird in diesem Zusammenhang genannt. Danach gelten Investitionen mit kurzen Amortisationszeiten als sicherer als solche mit langen Kapitalrückflußdauern.

Folgende Leitfragen erschließen das Problemfeld:

- Wie lautet die Entscheidungsregel der Amortisationsrechnung, das Amortisationskriterium, zur Bestimmung der Vorteilhaftigkeit einer Investition?

- Wie ermittelt man die statische Amortisationszeit?
  - Wie ermittelt man die statische Amortisationszeit bei konstanten jährlichen Nettoeinzahlungen?

- Wie ermittelt man die statische Amortisationszeit bei im Zeitablauf unterschiedlichen jährlichen Nettoeinzahlungen?
- Worin liegen die Schwachstellen der statischen Amortisationsrechnung?
- Wie ermittelt man die dynamische Amortisationszeit?

5.2 Statische Amortisationsrechnung

5.2.1 Amortisationskriterium

Die tatsächliche Amortisationszeit eines Investitionsobjekts ist die Anzahl von Jahren, die benötigt wird, um den Kapitaleinsatz (= Anschaffungsauszahlung, gegebenenfalls vermindert um den Restwert) aus den jährlichen Rückflüssen (Nettoeinzahlungen) wiederzugewinnen. Kern der Amortisationsrechnung ist ein Vergleich zweier Zeiten: der tatsächlichen Amortisationszeit t des Objekts und der maximal zulässigen Amortisationszeit t_{max}.

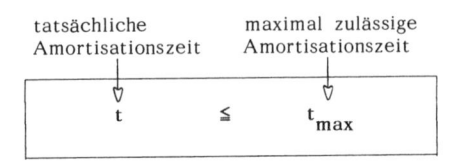

```
  tatsächliche        maximal zulässige
  Amortisationszeit   Amortisationszeit
        ↓                   ↓
        t       ≤         t_max           Amortisationskriterium
```

Nach dem Amortisationskriterium gilt eine Investition dann als vorteilhaft, wenn sie eine Wiedergewinnung der eingesetzten Mittel innerhalb der maximal zulässigen Amortisationszeit verspricht.

Die maximal zulässige Amortisationszeit ist stets subjektiv. Sie wird von der Unternehmungsleitung vorgegeben. Häufig wird ein Wert von fünf Jahren genannt. Man fordert also, daß sich die durchzuführenden Objekte innerhalb von fünf Jahren amortisieren (bezahlt machen).

5.2.2 Ermittlung der statischen Amortisationszeit

Die tatsächliche statische Amortisationszeit eines Objekts kann man ermitteln gemäß

- Durchschnittsrechnung (Voraussetzung: konstante Jahresbeträge) oder
- Kumulationsrechnung (Jahresbeträge können schwanken).

Durchschnittsrechnung

Bei der Ermittlung der tatsächlichen Amortisationszeit t einer Investition nach der Durchschnittsrechnung werden dem Kapitaleinsatz A bei der restwertlosen Investition bzw. (A - R) bei der Investition mit R > 0 die durchschnittlichen jährlichen Nettoeinzahlungen $\emptyset$ (e - a) gegenübergestellt. Die tatsächliche Amortisationszeit t ergibt sich dann aus der Beziehung:

Gleichung (1)

$$t = \frac{A}{\emptyset (e - a)} \quad (R = 0)$$

$$t = \frac{A - R}{\emptyset (e - a)} \quad (R > 0)$$

Durchschnittsrechnung

Im Falle einer Rationalisierungsinvestition sind die jährlichen Minderauszahlungen ("Kostenersparnis") zu berücksichtigen. Es gilt dann entsprechend:

$$\text{Amortisationszeit (t)} = \frac{\text{Kapitaleinsatz}}{\emptyset \text{ jährliche Minderauszahlungen}}$$

Beispiel

Gegeben ist eine Investition mit:

Anschaffungsauszahlung   A = 120 000 DM
jährliche Einzahlungen   e = 40 000 DM ⎫
jährliche Auszahlungen   a = 10 000 DM ⎬ = konstant
Restwert   R =   0 DM ⎭

a) Ermitteln Sie die tatsächliche Amortisationszeit t nach der Durchschnittsrechnung.

b) Welche Amortisationszeit t ergibt sich, wenn an die Stelle des Restwertes von Null ein solcher von 30 000 DM tritt?

Lösung

a) $t = \dfrac{A}{\emptyset (e - a)} = \dfrac{120\ 000}{30\ 000} = 4$ (Jahre)

b) $t = \dfrac{A - R}{\emptyset (e - a)} = \dfrac{90\ 000}{30\ 000} = 3$ (Jahre)

Da man bei einer statischen Investitionsrechnung meist nicht mit Zahlungsgrößen, sondern mit Kosten und Leistungen rechnet, wird der durchschnittliche jährliche Rückfluß auch durch die Summe aus durchschnittlichem jährlichem Gewinn pro Jahr $\emptyset$ g und jährlichen Abschreibungen angegeben.

Gleichung (2)

$t = \dfrac{A}{\emptyset\ g\ +\ \text{Abschreibungen}}$	(R = 0)
$t = \dfrac{A - R}{\emptyset\ g\ +\ \text{Abschreibungen}}$	(R > 0)

Durchschnittsrechnung

Bei der Ermittlung der Amortisationszeit ist der durchschnittliche jährliche Gewinn um die Abschreibungen zu erhöhen, weil die Abschreibungen im Rahmen der Gewinnermittlung zunächst abgezogen worden sind. Die "verdienten" Abschreibungen müssen als Wiedergewinnungsanteile betrachtet werden, so daß nach Ablauf der Abschreibungszeit die Summe der Abschreibungsgegenwerte den ursprünglichen Anschaffungskosten des Objekts entspricht.

Kumulationsrechnung

Im Gegensatz zur Durchschnittsrechnung werden bei der Kumulationsrechnung die Unterschiede in der Höhe der jährlichen Nettoeinzahlungen während der

5.2 Statische Amortisationsrechnung

Amortisationszeit berücksichtigt. Die jährlichen Nettoeinzahlungen werden so lange addiert, bis das Jahr t erreicht ist, in dem die kumulierten Nettoeinzahlungen inklusive Restwert der Anschaffungsauszahlung entsprechen:

Kumulationsrechnung

Gleichung (3)
$$A = (e_1 - a_1) + (e_2 - a_2) + (e_3 - a_3) + \ldots + (e_t + R_t - a_t)$$
$$0 = (e_1 - a_1) + (e_2 - a_2) + (e_3 - a_3) + \ldots + (e_t + R_t - a_t) - A$$

Gleichung (3) läßt sich auch so formulieren:

> Die statische Amortisationszeit ist die Zeit, bei der die Gesamtsumme aller Ein- und Auszahlungen inklusive Restwert und Anschaffungsauszahlung gerade gleich Null ist.

Beispiel

Gegeben ist ein Investitionsobjekt mit:

Anschaffungsauszahlung	A = 120 000 DM
Restwert	R = 0 DM
Nutzungsdauer	n = 5 Jahre
Rückflüsse im 1. Jahr (jedes Folgejahr 10 000 DM weniger)	(e - a) = 50 000 DM

a) Stellen Sie die Zahlungsverhältnisse am Zeitstrahl dar.

b) Ermitteln Sie die tatsächliche Amortisationszeit gemäß Durchschnittsrechnung.

c) Ermitteln Sie die tatsächliche Amortisationszeit nach der Kumulationsrechnung.

Lösung

a)

```
    - 120     + 50      + 40      + 30      + 20      + 10    (TDM)
   |─────────|─────────|─────────|─────────|─────────|────▷
   0         1         2         3         4         5       (Jahre)
```

b) $\dfrac{\text{Durchschnittswert der}}{\text{jährlichen Rückflüsse}} = \dfrac{50\,000 + 40\,000 + 30\,000 + 20\,000 + 10\,000}{5}$

   $= 30\,000$ (DM/Jahr)

$\dfrac{\text{Amortisationszeit nach}}{\text{Durchschnittsrechnung}} = \dfrac{\text{Kapitaleinsatz}}{\emptyset\,(e - a)} = \dfrac{120\,000}{30\,000} = 4$ (Jahre)

c)

Jahre	Rückflüsse (DM/Jahr)	kumulierte Rückflüsse (DM)
1	50 000	50 000
2	40 000	90 000
3	30 000	⎡120 000⎤ ── ▷ t = 3 (Jahre)
4	20 000	140 000
5	10 000	150 000

Ergebnis

Das Beispiel zeigt, daß bei unterschiedlichen jährlichen Nettoeinzahlungen grundsätzlich die Kumulationsrechnung anzuwenden ist. Wenn die jährlichen Nettoeinzahlungen im Zeitablauf fallen, ist die Amortisationszeit nach der Durchschnittsrechnung regelmäßig zu groß, wenn sie steigen, ist die Amortisationszeit nach der Durchschnittsrechnung zu gering.

5.2 Statische Amortisationsrechnung

Beispiel

Kapitaleinsatz (DM)		100 000
Lebensdauer (Jahre)		6

Jahre	Nettoeinzahlungen (DM/Jahr) jährlich	kumuliert	kumulierte Nettoeinzahlungen ./. Kapitaleinsatz	
1	- 10 000	- 10 000	- 110 000	
2	+ 30 000	+ 20 000	- 80 000	
3	+ 30 000	+ 50 000	- 50 000	
4	+ 40 000	+ 90 000	- 10 000	$t = 4,2 \, (J)$
5	+ 50 000	+ 140 000	+ 40 000	
6	+ 40 000	+ 180 000	+ 80 000	
$\emptyset$ Nettoeinzahlungen über 6 Jahre = $\frac{180\ 000}{6}$ = 30 000 (DM/J)				

Übersicht: **Amortisationszeit nach Kumulationsrechnung**

Ergebnis

Aus der letzten Spalte ersehen Sie, daß die Investition zwischen dem 4. und 5. Jahr amortisiert ist. Durch Interpolation zwischen - 10 000 DM und + 40 000 DM erhalten Sie eine Amortisationszeit von 4,2 Jahren.

Im gezeigten Fall führt die Durchschnittsrechnung nicht zu einem sinnvollen Ergebnis. Danach müßten Sie mit einer Amortisationszeit von

$$100\ 000 : 30\ 000 = 3{,}33 \text{ Jahren}$$

rechnen. Die so ermittelte Amortisationszeit ist annähernd ein Jahr zu kurz.

5.2.3 Schwachstellen der statischen Amortisationsrechnung

Die Amortisationsrechnung ist grundsätzlich brauchbar als Zusatzkriterium für Investitionsentscheidungen, besonders für die Beurteilung des Risikos und der Liquidität. Am besten sollte sie ergänzend zu einer der dynamischen Methoden verwendet werden. Dabei ist die Amortisationsrechnung in der Version der Kumulationsrechnung vorzuziehen, da die Kumulationsrechnung ungleichmäßige Zahlungsanfälle berücksichtigt. Meist geht man in der Praxis jedoch nach der Durchschnittsrechnung vor.

Ein Betrieb, der sich bei seinen Investitionsentscheidungen einzig und allein auf das Kriterium der Amortisationsrechnung stützt, geht das Risiko schwerwiegender Fehlentscheidungen ein. Im einzelnen bestehen bei ausschließlicher Anwendung der Amortisationsrechnung folgende Gefahren[1]:

- Eine einzelne Investition kann trotz einer unter der maximal zulässigen Amortisationszeit liegenden Kapitalrückflußdauer unvorteilhaft sein.

- Zwei Investitionsalternativen, die infolge gleicher Amortisationszeiten gemäß Amortisationsrechnung als gleich vorteilhaft bezeichnet werden müßten, weisen in aller Regel Unterschiede in der Vorteilhaftigkeit auf.

- Das Vorgehen nach der Amortisationsrechnung birgt grundsätzlich die Gefahr einer zeitlichen Asymmetrie: kurzfristige Investitionen werden gegenüber langfristigen bevorzugt.

5.3 Dynamische Amortisationsrechnung

Es muß betont werden, daß sich unsere Kritik an der Amortisationsrechnung auf die statische Version dieser Rechnung bezieht. Von den 50 % der antwortenden Unternehmungen, die die Amortisationszeit ermitteln, führen 47 % die statische und 53 % die dynamische Amortisationszeitbestimmung durch. 26,5 % der Unternehmungen nutzen also die dynamische Amortisationszeit, für die unsere kritischen Anmerkungen nicht gelten, als Entscheidungshilfe.

---

[1] Eine ausführliche Darstellung und Kritik der statischen Investitionsrechnungsmethoden finden Sie bei: K.-D. DÄUMLER, Grundlagen der Investitions- und Wirtschaftlichkeitsrechnung, a.a.O., S. 130 ff. u. 162 ff.

5.3 Dynamische Amortisationsrechnung

Die dynamische Amortisationsrechnung stützt sich darauf, daß der Kapitalwert einer Investition unter sonst gleichen Umständen mit steigender Nutzungsdauer im Regelfall wächst (eine Ausnahme ist denkbar bei R > A). Das Kapitalwertwachstum erfolgt mit abnehmenden Zuwachsraten, da die barwertigen Rückflüsse eines Verlängerungsjahres umso kleiner sind, je weiter das Verlängerungsjahr in der Zukunft liegt.

C_0 (DM)

$C_0 = f(n)$

n (Anzahl Jahre)

t_d ↦ dynamische Amortisationszeit

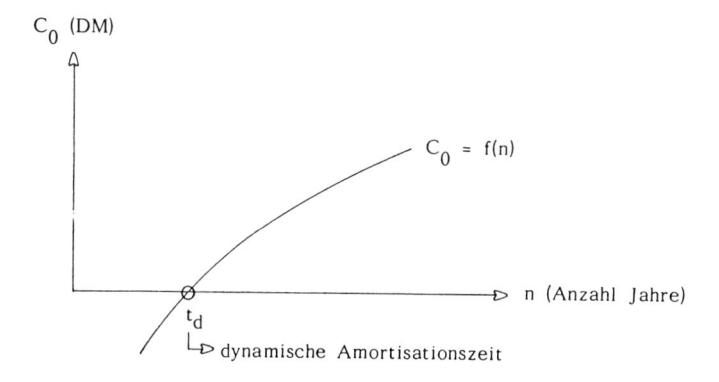

Abbildung: **Ermittlung der dynamischen Amortisationszeit**

Die dynamische Amortisationszeit t_d einer Investition ist die Zeit, bei der der Kapitalwert der betreffenden Investition gerade gleich Null ist.

Das heißt: Nach Ablauf von t_d Jahren hat der Investor seine Anschaffungsauszahlung zurückgewonnen und daneben eine Verzinsung der ausstehenden Beträge zum Kalkulationszinsfuß erzielt. Wir können also auch sagen:

Die dynamische Amortisationszeit einer Investition ist die Anzahl Jahre, die vergeht, bis der Investor die Anschaffungsauszahlung nebst Verzinsung wiedergewonnen hat.

Die dynamische Amortisationszeit bestimmt man unter Benutzung der Bedingung $\boxed{C_0 = 0}$. Sie kann daher auch als eine Umformung der Kapitalwertmethode gesehen werden (suche die Zeit, bei der der Kapitalwert Null wird) und stellt eine der möglichen Anwendungen der kritischen Werte-Rechnung (Breakeven-Analyse) dar[1].

> Eine Investition ist im Sinne des dynamischen Amortisationskriteriums vorteilhaft, wenn ihre tatsächliche dynamische Amortisationszeit t_d nicht größer ist als die maximal zulässige Amortisationszeit t_{max}.

$$t_d \leq t_{max}$$ Dynamisches Amortisationskriterium

Kritisch muß zu diesem Kriterium angemerkt werden, daß die Vorgabe einer maximal zulässigen Amortisationszeit problematisch ist. Sie wäre logisch nur dann zu rechtfertigen, wenn grundsätzlich alle Investitionen mit langen Amortisationszeiten unvorteilhaft wären. Sie wissen, daß das nicht der Fall ist. Sie wissen auch, daß es gefährlich sein kann, wenn man eine Amputation der eigenen investiven Möglichkeiten auf sich nimmt, indem man sich langfristige Investitionen selbst verbietet.

Für denjenigen aber, der diese Gefahr kennt, ist die Kennziffer "dynamische Amortisationszeit" eine wichtige Größe. Er nimmt zur Kenntnis, wieviel Jahre vergehen, bis das Investitionsobjekt seine Anschaffungsauszahlung nebst Zinsen erwirtschaftet hat. Der Investor hat damit eine nützliche Entscheidungshilfe gewonnen - nicht mehr, aber auch nicht weniger.

Er kann auch die Entscheidungsregel variieren und auf die Vorgabe einer maximal zulässigen Amortisationszeit ganz verzichten und folgendermaßen argumentieren: Vorteilhaft sind solche Investitionen, deren dynamische Amortisationszeit innerhalb ihrer Nutzungsdauer von n Jahren liegt: $t_d \leq n$. Objekte, die diese Bedingung erfüllen, bieten eine Gewähr dafür, daß der Kapitalwert nicht negativ ist. Sie sind lohnend im Sinne der dynamischen Investitionsrechnung.

---

1 Eine ausführliche Darstellung des Rechnens mit kritischen Werten (Breakeven-Analyse) finden Sie bei K.-D. DÄUMLER, Grundlagen der Investitions- und Wirtschaftlichkeitsrechnung, a.a.O., S. 184 ff.

5.3 Dynamische Amortisationsrechnung

Beispiel

Gesucht sind statische und dynamische Amortisationszeit eines Investitionsobjekts mit:

Anschaffungsauszahlung	100 000 DM
Lebensdauer	10 Jahre
Kalkulationszinssatz	10 %
Konstanten jährlichen Rückflüssen	20 000 DM
Restwert	0 DM

Lösung

Jahre	Rückflüsse (DM/Jahr)	Abzinsungsfaktor (10 %)	Barwertige Rückflüsse (DM)	Kumulierte barwertige Rückflüsse (DM)
	I	II	III = I · II	IV = Σ III
1	20 000	0,909091	18 182	18 182
2	20 000	0,826446	16 529	34 711
3	20 000	0,751315	15 026	49 737
4	20 000	0,683013	13 660	63 397
5	[20 000]	0,620921	12 418	75 815 ⬅ t
6	20 000	0,564474	11 289	87 104
7	20 000	0,513158	10 263	97 367
8	20 000	0,466507	[9 330]	[106 697] ⬅ t_d
9	20 000	0,424098	8 482	115 179
10	20 000	0,385543	7 711	122 890

Übersicht: **Die dynamische Amortisationszeit liegt über der statischen**

Ergebnis

Die statische Amortisationszeit liegt bei 5 Jahren. Nach dieser Zeit ist die Anschaffungsauszahlung ohne Zinsen wiedergewonnen. Dynamisch hat sich die

Anlage erst nach 7,3 Jahren amortisiert. Danach ist die Anschaffungsauszahlung nebst Zinsen auf die ausstehenden Beträge wiedergewonnen.

Die dynamische Amortisationsdauer ist unter sonst gleichen Umständen stets größer als die statische, weil sie zusätzlich die Verzinsung der ausstehenden Beträge zum Kalkulationszinssatz berücksichtigt.

Dadurch wird ausgeschlossen, daß sich der Investor von einer kurzen Rückflußzeit blenden läßt und eine Investition durchführt, die unvorteilhaft ist, weil sie lediglich eine Wiedergewinnung des eingesetzten Kapitals, nicht aber eine angemessene Verzinsung der ausstehenden Beträge gewährleistet. Darin liegt der Vorteil der dynamischen Amortisationsrechnung.

Das folgende Beispiel bietet eine zusammenfassende Berechnung statischer und dynamischer Amortisationszeiten.

Beispiel

Gegeben ist ein Investitionsobjekt mit

Anschaffungsauszahlung	120 000 DM
Nutzungsdauer	7 Jahre
Kalkulationszinsfuß	10 %

Die jährlichen Rückflüsse (Nettoeinzahlungen) betragen am Ende des ersten Jahres 20 000 DM. Sie steigen in der Folgezeit jährlich um 2 000 DM.

a) Stellen Sie die Zahlungsverhältnisse am Zeitstrahl dar und ermitteln Sie die statische Amortisationszeit nach der Durchschnittsmethode.

b) Ermitteln Sie tabellarisch

- die statische Amortisationszeit (Kumulationsmethode),
- die dynamische Amortisationszeit.

5.3 Dynamische Amortisationsrechnung

Lösung

a)

```
   -120   +20   +22   +24   +26   +28   +30   +32   (TDM)
────┼─────┼─────┼─────┼─────┼─────┼─────┼─────┼────▷
    0     1     2     3     4     5     6     7    (Jahre)
```

Durchschnittswert der jährlichen Rückflüsse $= \dfrac{20 + 22 + 24 + 26 + 28 + 30 + 32}{7} = 26$ (TDM)

Amortisationszeit nach Durchschnittsrechnung $= \dfrac{\text{Anschaffungsauszahlung}}{\varnothing \text{ Rückflüsse}} = \dfrac{120\,000}{26\,000} = 4{,}6$ (Jahre)

b)

Jahre	Rückflüsse (DM)	Kumulierte Rückflüsse (DM)	Abzinsungs-faktor (10 %)	Barwertige Rückflüsse (DM)	Kumulierte barwertige Rückflüsse (DM)
	I	II = Σ I	III	IV = I · III	V = Σ IV
1	20 000	20 000	0,909091	18 182	18 182
2	22 000	42 000	0,826446	18 182	36 364
3	24 000	66 000	0,751315	18 032	54 396
4	26 000	92 000	0,683013	17 758	72 154
t ▷ 5	28 000	**120 000**	0,620921	17 386	89 540
6	30 000	150 000	0,564474	16 934	106 474
7	32 000	182 000	0,513158	16 421	**122 895** ◁ t_d

Übersicht: **Statische und dynamische Amortisationszeit**

Ergebnis

Der Investor hat die Auswahl zwischen drei Amortisationszeiten:

- statische Amortisationszeit (Durchschnittsrechnung) = 4,6 Jahre,
- statische Amortisationszeit (Kumulationsrechnung) = 5,0 Jahre,
- dynamische Amortisationszeit ($C_0 = 0$) = 6,9 Jahre.

5.4 Checkliste

Amortisationskriterium

Man vergleicht die tatsächliche Amortisationsdauer mit der von der Unternehmungsleitung festgelegten maximal zulässigen Amortisationsdauer. In Frage kommen nur Objekte, die sich innerhalb der maximal zulässigen Zeit amortisieren.

Die statische Amortisationszeit

gibt an, wieviel Jahre vergehen, bis die Anschaffungsauszahlung durch die jährlichen Rückflüsse wiedergewonnen ist. Sie wird ermittelt:

- mit Hilfe der Durchschnittsrechnung, indem man die Anschaffungsauszahlung durch die durchschnittlichen jährlichen Rückflüsse dividiert;

- mit Hilfe der Kumulationsrechnung, indem man die (unterschiedlichen) jährlichen Rückflüsse so lange addiert, bis das Jahr erreicht ist, in dem sie dem Wert der Anschaffungsauszahlung entsprechen.

Schwachstellen der statischen Amortisationsrechnung

Neben den allgemeinen Schwachstellen der statischen Verfahren (z. B. fehlende finanzmathematische Basis) zusätzlich:

- kurze Amortisationszeit ist keine Garantie für absolute Vorteilhaftigkeit einer Investition.

- Gleiche Amortisationszeiten zweier Objekte bieten keine Gewähr für gleiche Vorteilhaftigkeit der Objekte.

- Investitionen mit einer Amortisationszeit, die über dem maximal zulässigen Wert liegt, können trotzdem vorteilhaft sein.

Die dynamische Amortisationszeit

gibt an, wieviel Jahre vergehen, bis die Anschaffungsauszahlung inklusive Zinsen auf die noch ausstehenden Beträge mit Hilfe der jährlichen Rückflüsse wiedergewonnen ist. Die Ermittlung der dynamischen Amortisationszeit stellt eine Variante der kritischen Werte-Rechnung dar. Kritische Nutzungsdauer und dynamische Amortisationszeit sind identisch.

5.4 Checkliste

Formeln	Symbole
$t = \dfrac{A}{\emptyset\,(e - a)}$ $t = \dfrac{A - R}{\emptyset\,(e - a)}$ $t = \dfrac{A}{\emptyset\,g + \text{Abschreibungen}}$ $t = \dfrac{A - R}{\emptyset\,g + \text{Abschreibungen}}$ $A = (e_1 - a_1) + (e_2 - a_2) + (e_3 - a_3)$ $+ \ldots + (e_t + R_t - a_t)$	t = tatsächliche Amortisationszeit $\emptyset\,(e - a)$ = durchschnittliche jährliche Nettoeinzahlungen $\emptyset\,g$ = durchschnittlicher jährlicher Gewinn $(e_1 - a_1)$ = Nettoeinzahlungen des Jahres Nr. 1 R_t = Restwert zum Zeitpunkt t

Test 4: Amortisationsrechnung

Aufgabe 1

Die folgenden Behauptungen sind zum Teil richtig und zum Teil falsch. Kennzeichnen Sie die Behauptungen mit (+) = richtig, (-) = falsch, ( ) = weiß nicht.

(a) Die statische Amortisationszeit eines Objekts ist die Anzahl von Jahren,

- nach der das Objekt wegen technischer Überalterung aus dem Betrieb scheidet; ( )
- bei der die Addition aller Ein- und Auszahlungen des Objekts den Wert Null ergibt; ( )
- bei der die Anschaffungsauszahlung des Objekts dem kumulierten Wert aller nach dem Zeitpunkt Null anfallenden Nettoeinzahlungen inklusive Restwert entspricht. ( )

(b) Die statische Amortisationszeit eines Objekts

- steigt mit steigendem Kalkulationszinsfuß; ( )
- steigt mit sinkendem Kalkulationszinsfuß; ( )
- ist unabhängig von der Höhe des Kalkulationszinsfußes. ( )

(c) Die rechnerische Ermittlung der statischen Amortisationszeit

- erfolgt nach der Durchschnittsrechnung, wenn die jährlichen Nettoeinzahlungen im Zeitablauf stark schwanken; ( )
- erfolgt nach der Kumulationsrechnung, wenn die jährlichen Nettoeinzahlungen im Zeitablauf stark schwanken; ( )
- ist bei reinen Rationalisierungsinvestitionen deshalb unmöglich, weil diese nur die Auszahlungsseite betreffen und die Einzahlungsseite unberührt lassen. ( )

(d) Grundsätzlich gilt für Investitionsobjekte: Sie können

- unvorteilhaft sein, obwohl ihre Amortisationszeiten sehr kurz sind; ( )
- unterschiedlich vorteilhaft sein, obwohl ihre Amortisationszeiten gleich sind; ( )
- vorteilhaft sein, obwohl ihre Amortisationszeiten lang sind und über der von der Unternehmungsleitung vorgegebenen maximal zulässigen Zeit liegen. ( )

Test 4: Amortisationsrechnung

(e) Die dynamische Amortisationszeit einer Anlage ist

- unter sonst gleichen Umständen im Regelfall länger als die statische; ( )
- ein kritischer Wert in bezug auf die betreffende Investition, bei dem der Kapitalwert des Objekts gerade gleich Null wird; ( )
- ein kritischer Wert in bezug auf die betreffende Investition, bei dem der interne Zinsfuß des Objekts gerade dem Kalkulationszinsfuß entspricht. ( )

Aufgabe 2

Sie können eine Investition durchführen, für die die folgenden Daten gelten:

Anschaffungsauszahlung 100 000 DM,
Nutzungsdauer 9 Jahre,
Kalkulationszinssatz 12 %.

Die jährlichen Rückflüsse (Nettoeinzahlungen) betragen zunächst 30 000 DM. Nach dem Zeitpunkt 3 sinken sie um 10 000 DM; nach dem Zeitpunkt 6 um weitere 10 000 DM.

a) Stellen Sie die Zahlungsverhältnisse am Zeitstrahl dar und ermitteln Sie die statische Amortisationszeit nach der Durchschnittsmethode.

b) Ermitteln Sie mit Hilfe einer Tabelle die statische Amortisationszeit nach der Kumulationsrechnung und die dynamische Amortisationszeit.

c) An welcher der drei Amortisationszeiten sollte man seine Entscheidung ausrichten? Bitte kreuzen Sie das Zutreffende an.

- statische Amortisationszeit gemäß Durchschnittsrechnung ☐
- statische Amortisationszeit gemäß Kumulationsrechnung ☐
- dynamische Amortisationszeit ☐

d) Was gibt die statische Amortisationszeit eines Investitionsobjekts an?

Was gibt die dynamische Amortisationszeit eines Investitionsobjekts an?

Unter welcher Voraussetzung stimmen statische und dynamische Amortisationszeit eines Investitionsobjekts überein?

Aufgabe 3

Der Kapitalwert C_0 kann positiv, Null oder negativ sein. Ordnen Sie den in der Tabelle beschriebenen Möglichkeiten den richtigen Wert für den Kapitalwert zu.

Wenn die tatsächliche Nutzungsdauer ...	dann gilt für den Kapitalwert:
... unter der statischen Amortisationszeit liegt,	
... mit der statischen Amortisationszeit übereinstimmt,	
... mit der dynamischen Amortisationszeit übereinstimmt,	
... über der dynamischen Amortisationszeit liegt,	

Lösungshinweis: Die Lösungen finden Sie im Lösungsanhang.

6. Investitionsrechnungsformular

6.1 Darstellung des Formulars

Im praktischen Fall empfiehlt es sich, zwischen Kleininvestitionen, mittleren Investitionen und Großinvestitionen zu unterscheiden und diese Unterscheidung mit einer gestaffelten Kompetenz zu verknüpfen, die folgendermaßen aussehen könnte:

Investitionsart	Anschaffungsauszahlung	Entscheidungsbefugnis
Kleininvestition	bis 20 000 DM	Abteilungsebene
mittlere Investition	über 20 000 bis 200 000 DM	Leitung Zweigbetrieb
Großinvestition	über 200 000 DM	Leitung Gesamtunternehmung

Diese Gliederung entspricht dem Standard bundesdeutscher Großunternehmungen.

Bei mittleren und großen Investitionen empfiehlt sich eine ausführliche Investitionsrechnung, bei der man gleichzeitig mehrere Methoden einsetzt. Am besten sollte man den Kapitalwert, den internen Zinsfuß und den durchschnittlichen jährlichen Überschuß ermitteln. Mit anderen Worten: Die drei dynamischen Investitionsrechnungsverfahren schließen sich bei praktischer Anwendung keineswegs aus, sie ergänzen einander vielmehr. Sie beleuchten das Investitionsobjekt von verschiedenen Seiten: Wie hoch ist der barwertige Überschuß, die Rendite, der durchschnittliche jährliche Überschuß? Daneben interessiert sich die Praxis sehr stark für die Amortisationszeit: 50 Prozent der Großen nutzen diese Methode. Deshalb sollte man zusätzlich die statische und dynamische Amortisationszeit ins Formular aufnehmen.

Eine solche Betrachtung von Investitionsobjekten ist in der Bundesrepublik bei Großunternehmungen die Regel. Die Umsatzmilliardäre setzen üblicherweise drei Methoden nebeneinander ein und gelangen so zu einem abgerundeten Bild ihrer Investitionen, das eine gute Entscheidungshilfe darstellt. Die Investitionsentscheidung selbst hängt allerdings nicht allein vom Ergebnis der Investitionsrechnung, sondern auch von solchen Faktoren ab, die nicht in Mark und Pfennig bewertbar sind. Das Rechnungsergebnis ist eine Entscheidungshilfe, nicht mehr, aber auch nicht weniger.

6. Investitionsrechnungsformular

Investitionsrechnungsformular

Zeitpunkt/ Geschäfts- jahr	Auszahlungen A, a (DM)	Einzahlungen e, R (DM)	Nettoein- zahlungen (DM)	Eingabewerte Faktoren (8 %)	Barwerte (8 %) (DM)	Kumulierte Nettoein- zahlungen (DM)	Kumulierte Barwerte (DM)	Faktoren (12 %)	Barwerte (12 %) (DM)
	I	II	III = II − I	IV	V = III · IV	VI = Summe III	VII = Summe V	VIII	IX = III · VIII
−2 19..				1,166400				1,254400	
−1 19..				1,080000				1,120000	
0 19..				1,000000				1,000000	
1 19..				0,925926				0,892857	
2 19..				0,857339				0,797194	
3 19..				0,793832				0,711780	
4 19..				0,735030				0,635518	
5 19..				0,680583				0,567427	
6 19..				0,630170				0,506631	
7 19..				0,583490				0,452349	
8 19..				0,540269				0,403883	
9 19..				0,500249				0,360610	
10 19..				0,463193				0,321973	
11 19..				0,428883				0,287476	
12 19..				0,397114				0,256675	

6.1 Darstellung des Formulars

Ausgabewerte

Zielgröße	Rechengang	Ergebniswert	Symbol
Kapitalwert (8 %)	Spalte V summieren		$C_{0,1}$
Kapitalwert (12 %)	Spalte IX summieren		$C_{0,2}$
Rendite (interner Zinsfuß)	$r = 8 - C_{0,1} \cdot \dfrac{12 - 8}{C_{0,2} - C_{0,1}}$		r
Durchschnittlicher jährlicher Überschuß (8 %)	$C_{0,1}$ · Kapitalwiedergewinnungsfaktor (8 %)		$DJÜ_1$
Durchschnittlicher jährlicher Überschuß (12 %)	$C_{0,2}$ · Kapitalwiedergewinnungsfaktor (12 %)		$DJÜ_2$
Statische Amortisationszeit	Ermittlung der Zeit, in der die Gesamtsumme der kumulierten Nettoeinzahlungen gleich Null ist (VI = Summe III).		t
Dynamische Amortisationszeit (8 %)	Ermittlung der Zeit, in der die Gesamtsumme der kumulierten Barwerte der Nettoeinzahlungen gleich Null ist (VII = Summe V).		t_d

Das Investitionsrechnungsformular (vgl. S. 136 f.) soll eine doppelte Aufgabe erfüllen: Einmal dient es der Durchführung der Investitionsrechnung, zum zweiten soll es zur Kurzinformation der Unternehmungsleitung eingesetzt werden, wenn über die Objekte entschieden wird.

Der entscheidende Unternehmer kann dem oberen Formularteil (Eingabewerte) alle wesentlichen Rechnungsannahmen entnehmen: Er sieht die angenommenen Ein- und Auszahlungen, deren zeitliche Verteilung, die Nutzungsdauer und die Zinssätze. Der untere Formularteil (Ausgabewerte) enthält nicht nur Rechenergebnisse, sondern auch eine Kurzbeschreibung des jeweiligen Rechengangs, die als Gedächtnisstütze und Interpretationshilfe für den Benutzer gedacht ist.

Das Formular bietet eine übersichtliche Darstellung der Rechnungsannahmen, Rechnungswege und Rechnungsergebnisse. Es kann Ihnen als Anregung für die Gestaltung Ihres Formulars dienen, denn tendenziell besitzt jede Unternehmung ihr eigenes Formular. Sie sollten das abgedruckte Formular durch betriebsspezifische Änderungen und Ergänzungen an die Erfordernisse Ihres Unternehmens anpassen.

Wenn Sie bei Ihrer praktischen Arbeit häufig mit Investitionsentscheidungen zu tun haben, dann kann es sinnvoll sein, von der manuellen Lösung abzugehen und den im Formular angegebenen Lösungsweg zu programmieren. Das ist bei Benutzung geeigneter Tabellenprogramme kein großes Problem. Alternativ dazu wäre auch die Beschaffung eines fertigen Investitions-Software-Paketes denkbar. In beiden Fällen besteht die Zielsetzung darin, daß der Anwender nur die in Spalte I und II abgefragten Daten einzugeben hat; alles übrige erledigt der PC.

In unserem Formular betrachten wir einen Unternehmer, der mit einem Kalkulationszinssatz von 8 % rechnet. Er ermittelt die Kapitalwerte einmal für diesen Zinssatz und zum anderen für einen Satz von 12 %. Die beiden Werte zeigen dann nicht nur, wie empfindlich der Kapitalwert auf Zinserhöhungen reagiert, sondern stellen auch die Eingabewerte in der Formel zur Renditeberechnung dar. Beim Zeitbild der Investition wurde berücksichtigt, daß bei manchen Großvorhaben mit erheblichen Vorlaufzeiten zu rechnen ist, so daß die Anschaffungsauszahlung teilweise schon vor dem Zeitpunkt 0 anfällt. Die zum Zeitpunkt - 1 (- 2) anfallenden Zahlungen sind demnach mit dem Aufzinsungsfaktor auf 0 zu beziehen. Somit stehen in der Spalte der Faktoren zunächst Aufzinsungsfaktoren und sodann (ab Zeitpunkt 1) Abzinsungsfaktoren.

6.2 Anwendung des Formulars

Beispiel

Die Firma Orion-Air-Pac GmbH produziert luftgepolsterte Versandtaschen für den Bürobedarf. Die Taschen werden nach Normgrößen vollautomatisch geschnitten, gepolstert, verschweißt und gestanzt. Im Bereich der Verpackung der Versandtaschen sind derzeit noch 8 Packerinnen beschäftigt. Der Betriebsleiter erwägt die Einrichtung einer vollautomatischen Verpackungsanlage, die eine vollständige Freisetzung der Packerinnen ermöglichen und 620 000 DM kosten würde.

Bei einer Nutzungsdauer von 6 Jahren und vorsichtiger Kalkulation betragen die Betriebs- und Instandhaltungsauszahlungen 40 000 DM/Jahr in den ersten 3 Jahren und 50 000 DM/Jahr in den Folgejahren, der Restwert dürfte bei 50 000 DM liegen.

Der durchschnittliche Monatslohn einer Packerin beträgt 1 440 DM bei 13 Monatsgehältern, die Lohnnebenkosten betragen 20 Prozent.

a) Fertigen Sie einen Zeitstrahl an.

b) Bei der Orion-Air-Pac rechnet man mit einem Kalkulationszinsfuß von 8 %. Ermitteln Sie Kapitalwert, internen Zinsfuß und durchschnittlichen jährlichen Überschuß der Investition sowie statische und dynamische Amortisationszeit mit Hilfe des Investitionsrechnungsformulars.

ba) Überlegen Sie zunächst, warum ein solches Formular schon vor dem Zeitpunkt 0 ansetzt und

bb) warum die Barwerte für zwei Zinssätze (8 % und 12 %) berechnet werden.

bc) Anschließend führen Sie die notwendigen Berechnungen mit dem Investitionsrechnungsformular durch.

c) Beantworten Sie dem Betriebsleiter die Frage, was die Ergebnisse (Kapitalwert, interner Zinsfuß, durchschnittlicher jährlicher Überschuß, Amortisationszeiten) konkret bedeuten.

Lösung

a)

```
                                              + 50,0
             + 179,7  + 179,7  + 179,7  + 179,7  + 179,7  + 179,7   (TDM)
    - 620    - 40,0   - 40,0   - 40,0   - 50,0   - 50,0   - 50,0
    ─────────────────────────────────────────────────────────────▷
      0        1        2        3        4        5        6     (Jahre)
```

Die gesamten Lohnkosten pro Packerin betragen:

$$13 \cdot 1\,440 \text{ zuzüglich } 20\,\%$$

$$= 18\,720 + 0{,}2 \cdot 18\,720$$

$$= 22\,464 \text{ (DM)}$$

Für 8 Packerinnen betragen die gesamten Lohnkosten

$$8 \cdot 22\,464$$

$= 179\,712$ (DM) → genaues Resultat für weitere Berechnungen

$\approx 179{,}7$ (TDM) → gerundetes Resultat für Zeitstrahldarstellung

b) ba) Bei größeren Investitionen benötigt man häufig eine Vorlaufzeit. So kann es notwendig sein, zunächst ein Grundstück zu erwerben, sodann ein Fabrikgebäude zu errichten und schließlich die maschinelle Ausrüstung zu installieren. Entsprechend werden die vorzuleistenden Teile der Anschaffungsauszahlung mit Hilfe von Aufzinsungsfaktoren auf den Zeitpunkt Null bezogen. Die nach Null anfallenden Zahlungen werden mit dem Abzinsungsfaktor multipliziert.

bb) Zwei Zinssätze und die zugehörigen Kapitalwerte benötigen wir für die Gleichung zur Effektivzinsbestimmung. Gleichzeitig erkennt man auch, wie sich Kapitalwert und durchschnittlicher jährlicher Überschuß verändern, wenn der Kalkulationszinsfuß um 4 Prozentpunkte steigt.

6.2 Anwendung des Formulars

bc) Investitionsrechnungsformular

Zeitpunkt/ Geschäfts- jahr	Eingabewerte								
	Auszahlungen A, a (DM)	Einzahlungen e, R (DM)	Nettoein- zahlungen (DM)	Faktoren (8 %)	Barwerte (8 %) (DM)	Kumulierte Nettoein- zahlungen (DM)	Kumulierte Barwerte (DM)	Faktoren (12 %)	Barwerte (12 %) (DM)
	I	II	III = II - I	IV	V = III · IV	VI = Summe III	VII = Summe V	VIII	IX = III · VIII
-2 19..				1,166400				1,254400	
-1 19..				1,080000				1,120000	
0 19..	620 000		- 620 000	1,000000	- 620 000	- 620 000	- 620 000	1,000000	- 620 000
1 19..	40 000	179 712	139 712	0,925926	129 363	- 480 288	- 490 637	0,892857	124 743
2 19..	40 000	179 712	139 712	0,857339	119 781	- 340 576	- 370 856	0,797194	111 378
3 19..	40 000	179 712	139 712	0,793832	110 908	- 200 864	- 259 948	0,711780	99 444
4 19..	50 000	179 712	129 712	0,735030	95 342	- 71 152	- 164 606	0,635518	82 434
5 19..	50 000	179 712	129 712	0,680583	88 280	58 560	- 76 326	0,567427	73 602
6 19..	50 000	229 712	179 712	0,630170	113 249	238 272	36 923	0,506631	91 048
7 19..				0,583490				0,452349	
8 19..				0,540269				0,403883	
9 19..				0,500249				0,360610	
10 19..				0,463193				0,321973	
11 19..				0,428883				0,287476	
12 19..				0,397114				0,256675	

Ausgabewerte

Zielgröße	Rechengang	Ergebniswert	Symbol
Kapitalwert (8 %)	Spalte V summieren	36 923 DM	$C_{0,1}$
Kapitalwert (12 %)	Spalte IX summieren	− 37 351 DM	$C_{0,2}$
Rendite (interner Zinsfuß)	$r = 8 - C_{0,1} \cdot \dfrac{12 - 8}{C_{0,2} - C_{0,1}}$	9,99 %	r
Durchschnittlicher jährlicher Überschuß (8 %)	$C_{0,1}$ · Kapitalwiedergewinnungsfaktor (8 %)	7 987 DM	$DJÜ_1$
Durchschnittlicher jährlicher Überschuß (12 %)	$C_{0,2}$ · Kapitalwiedergewinnungsfaktor (12 %)	− 9 085 DM	$DJÜ_2$
Statische Amortisationszeit	Ermittlung der Zeit, in der die Gesamtsumme der kumulierten Nettoeinzahlungen gleich Null ist (VI = Summe III).	ca. 4,5 Jahre	t
Dynamische Amortisationszeit (8 %)	Ermittlung der Zeit, in der die Gesamtsumme der kumulierten Barwerte der Nettoeinzahlungen gleich Null ist (VII = Summe V).	ca. 5,7 Jahre	t_d

6.2 Anwendung des Formulars

c) $C_{0,1}$ = 36 923 DM →→→ Die Orion gewinnt die eingesetzten Mittel wieder, erzielt eine Verzinsung der ausstehenden Beträge mit 8 % und darüber hinaus einen barwertigen Überschuß von 36 923 DM.

$C_{0,2}$ = - 37 351 DM →→→ Die Orion gewinnt die eingesetzten Mittel wieder, erzielt jedoch keine 12 %ige Verzinsung der ausstehenden Beträge.

Rendite = 9,99 % →→→ Die Orion erhält auf die jeweils im Investitionsobjekt gebundenen Beträge eine Effektivverzinsung von 9,99 %.

$DJÜ_1$ = 7 987 DM →→→ Bei einem Zinsanspruch von 8 % erhält die Orion über Zinsen und Wiedergewinnung hinaus einen durchschnittlichen jährlichen Überschuß von 7 987 DM.

$DJÜ_2$ = - 9 085 DM →→→ Einen Zinsanspruch von 12 % vermag das Objekt nicht zu erfüllen. Die Rechnung zeigt konsequenterweise einen durchschnittlichen jährlichen Verlust von 9 085 DM.

t ≈ 4,5 Jahre →→→ Die Orion gewinnt die eingesetzten Mittel, die Anschaffungsauszahlung von 620 000 DM, innerhalb von 4,5 Jahren wieder. Eine Verzinsung der ausstehenden Beträge ist bis dahin noch nicht erreicht.

t_d = 5,7 Jahre →→→ Die Orion gewinnt die eingesetzten Mittel, die Anschaffungsauszahlung von 620 000 DM, innerhalb von 5,7 Jahren wieder und erhält zusätzlich eine 8 %ige Verzinsung der ausstehenden Beträge.

Test 5: Investitionsrechnungsformular

Die Firma Haxenglück KG plant die Einführung eines völlig neuartigen Skistiefels in ihr Produktsortiment. Bevor mit der Produktionsaufnahme begonnen werden kann, müssen innerhalb des Fabrikgebäudes bauliche Anpassungen vorgenommen werden (Baukosten 200 000 DM, fällig zwei Jahre vor Produktionsbeginn). Danach sind die maschinellen Anlagen zu installieren, wobei insgesamt 580 000 DM verausgabt werden (150 000 DM ein Jahr vor Produktionsbeginn, 430 000 DM bei Produktionsbeginn). Die erwarteten Absatzzahlen und die geplanten Preise gehen aus der folgenden Tabelle hervor:

Zeitpunkt	Absatzmenge (Paar/Jahr)	Stückpreis (DM/Paar)	Phase
1	4 000	200	Einführungsphase
2	8 000	220	Wachstumsphase
3	10 000	200	Reifephase
4	7 500	180	Sättigungsphase

Nach Ablauf von 4 Jahren wird das Produkt aus dem Markt genommen. Der Restwert der Maschinen wird auf 50 000 DM geschätzt. Während der Produktionszeit entstehen fixe Auszahlungen von 300 000 DM/Jahr und variable Auszahlungen von 120 DM pro Paar.

Entwickeln Sie für die Haxenglück ein Investitionsrechnungsformular, bei dem berücksichtigt wird, daß die Haxenglück mit einem Kalkulationszinssatz von 10 % rechnet.

Führen Sie auf der Basis dieses Formulars die Rechnung durch.

7. Lösungsanhang: Lösungen der Testklausuren

Lösung Test 1: Grundlagen und Kapitalwertmethode

Aufgabe 1

(a) Eine sachlich korrekte Investitionsrechnung sollte stets auf der Grundlage von

- Leistungen und Kosten durchgeführt werden; (-)
- Einzahlungen und Auszahlungen durchgeführt werden; (+)
- Erträgen und Aufwendungen durchgeführt werden. (-)

(b) Die Aufgabe der Investitionsrechnung besteht darin,

- erstens die absolute Vorteilhaftigkeit eines Objektes zu bestimmen, zweitens die relative Vorteilhaftigkeit zu ermitteln, drittens den optimalen Ersatzzeitpunkt sowie die optimale Nutzungsdauer anzugeben; (+)
- die Liquidität des Unternehmens sicherzustellen; (-)
- Entscheidungshilfen bei der betrieblichen Investitionsplanung zu geben. (+)

(c) Der Kalkulationszinsfuß eines Investors ist definiert als

- die Verzinsung, die das durchzuführende Objekt abwirft; (-)
- subjektive Mindestverzinsungsanforderung des Investors an sein Investitionsobjekt; (+)
- Diskontsatz plus vier Prozent. (-)

(d) Der Kapitalwert einer Investition ist definiert als

- Differenz zwischen den barwertigen Einzahlungen E_0 und barwertigen Auszahlungen A_0 (+)
- Summe aller auf den Zeitpunkt 0 mit dem Kalkulationszinssatz i abgezinsten Zahlungen; (+)
- Summe aller auf den Zeitpunkt 0 mit dem Kalkulationszinssatz i abgezinsten Einzahlungen. (-)

(e) Der Kapitalwert einer lohnenden Investition, die positive jährliche Nettoeinzahlungen aufweist, wird unter sonst gleichen Umständen

- mit steigender Nutzungsdauer im Regelfall steigen; (+)
- mit steigendem Kalkulationszinsfuß i fallen; (+)
- mit steigendem Restwert R abnehmen. (-)

Aufgabe 2

a) Kapitalwert bei konstanten Jahreswerten

$$C_0 = -A + (e - a) \cdot DSF_4$$

$$C_0 = -1\,000\,000 + 315\,471 \cdot 3{,}239720$$

$$C_0 = 22\,038 \text{ (DM)}$$

Kauf ist wegen des positiven Kapitalwertes lohnend.

b) Kapitalwert bei unterschiedlichen Jahreswerten

Zeitpunkt	Zahlung (DM)	AbF (9 %)	Barwert (DM)
	I	II	III = I $\cdot$ II
0	- 1 000 000	-	- 1 000 000
1	315 471	0,917431	289 423
2	100 000	0,841680	84 168
3	315 471	0,772183	243 601
4	585 471	0,708425	414 762
Kapitalwert:			31 954

Kauf ist wegen des positiven Kapitalwertes lohnend.

c) Einsatz des Diskontierungssummenfaktors DSF

Der Diskontierungssummenfaktor DSF darf nur zur Kapitalisierung einer Zahlungsreihe mit im Zeitablauf konstanten Periodenzahlungen, die jeweils

7. Lösungsanhang: Lösungen der Testklausuren

zum Periodenende anfallen, verwendet werden. In b) sind die Periodenzahlungen unterschiedlich, also muß einzeln Periode für Periode mit Hilfe des Abzinsungsfaktors (AbF) diskontiert werden.

Aufgabe 3

Ein Investor stellt am Ende der Nutzungsdauer fest, daß ...	Zugehöriger Kapitalwert C_0
... die Investition eine vollständige Wiedergewinnung der Anschaffungsauszahlung, aber nichts darüber hinaus erbringt.	$C_0 < 0$
... die Investition eine vollständige Wiedergewinnung der Anschaffungsauszahlung und eine Verzinsung der jeweils noch ausstehenden Beträge zum Kalkulationszinsfuß erbringt.	$C_0 = 0$
... die Investition eine vollständige Wiedergewinnung der Anschaffungsauszahlung und eine Verzinsung der jeweils noch ausstehenden Beträge zu einem zwei Prozentpunkte über dem Kalkulationszinsfuß liegenden Zinssatz erbringt.	$C_0 > 0$
... die Investition eine vollständige Wiedergewinnung der Anschaffungsauszahlung nebst Zinsen auf die jeweils noch ausstehenden Beträge erbringt und zusätzlich einen barwertigen Überschuß von 123 DM abwirft.	$C_0 > 0$ $C_0 = 123$ (DM)
... die Investition keine vollständige Wiedergewinnung der eingesetzten Mittel erbringt.	$C_0 < 0$

Lösung Test 2: Interne Zinsfuß-Methode

Aufgabe 1

(a) Eine Investition ist stets dann vorteilhaft, wenn

- sie sich zum internen Zinsfuß r verzinst; (-)
- die Anschaffungsauszahlung A wiedergewonnen wird; (-)
- der Kalkulationszinsfuß unter dem internen Zinsfuß liegt. (+)

(b) Der interne Zinsfuß einer Investition

- sagt für sich allein noch nichts über ihre Vorteilhaftigkeit aus; (+)
- liegt über dem Kalkulationszinsfuß, falls die Investition einen positiven Kapitalwert hat; (+)
- ist gleich Null, falls der Kapitalwert der Investition Null ist. (-)

(c) Der interne Zinsfuß der Investition

$$\begin{array}{cccc} -100 & +8 & +100 \\ & & +8 & (DM) \\ \hline 0 & 1 & 2 & \text{(Jahre)} \end{array}$$

- ist gleich Null, falls der Kalkulationszinsfuß gleich Null ist; (-)
- beläuft sich auf 8 %, und zwar unabhängig von der Höhe des Kalkulationszinsfußes; (+)
- ist erst errechenbar, wenn man den Kalkulationszinsfuß des Investors kennt. (-)

(d) Die Effektivverzinsung einer Industrieobligation steigt unter sonst gleichen Umständen

- mit steigendem Ausgabekurs; (-)
- mit steigendem Rückzahlungskurs; (+)
- mit steigendem Nominalzins. (+)

(e) Die Rendite eines Investitionsobjekts

- ist immer positiv, wenn der Restwert des Objekts positiv ist; (-)
- gibt an, wie sich das jeweils im Objekt gebundene Kapital verzinst; (+)
- ist immer dann größer als der Kalkulationszinsfuß, wenn die Nettoeinzahlungen (e - a) des Investitionsobjekts positiv sind. (-)

7. Lösungsanhang: Lösungen der Testklausuren

(f) Der interne Zinsfuß einer Investition sinkt unter sonst gleichen Umständen

- mit steigender Anschaffungsauszahlung A; (+)
- mit steigendem Restwert R; (−)
- mit steigenden jährlichen Betriebs- und Instandhaltungsauszahlungen a. (+)

Aufgabe 2

a) Effektivzins bei konstanten Jahreswerten

```
− 1 000    + 315,471   + 315,471   + 315,471   + 315,471   (TDM)
─────────────────────────────────────────────────────────▷
   0           1           2           3           4      (Jahre)
```

$$C_0 = -1\ 000\ 000 + 315\ 471 \cdot DSF_4$$

$i_1 = 8\ \% \rightarrow\rightarrow C_{0,1} = -1\ 000\ 000 + 315\ 471 \cdot 3{,}312127 = 44\ 880$ (DM)

$i_2 = 12\ \% \rightarrow\rightarrow C_{0,2} = -1\ 000\ 000 + 315\ 471 \cdot 3{,}037349 = -41\ 804$ (DM)

$$r = i_1 - C_{0,1} \cdot \frac{i_2 - i_1}{C_{0,2} - C_{0,1}}$$

$$r = 8 - 44\ 880 \cdot \frac{12 - 8}{-41\ 804 - 44\ 880}$$

$$r = 8 + \frac{179\ 520}{86\ 684} = 10{,}07\ (\%)$$

Entscheidung

Die Investition "Kauf einer Goldmine" bringt einen Effektivzins von rund 10 %. Dieser liegt um einen Prozentpunkt über der Mindestverzinsungsanforderung des Investors von 9 %. Der Investor sollte kaufen.

b) Effektivzins bei unterschiedlichen Jahreswerten

```
− 1 000    + 315,471   + 100      + 315,471   + 585,471   (TDM)
─────────────────────────────────────────────────────────▷
   0           1           2           3           4      (Jahre)
```

$i_1 = 9\ \% \rightarrowtail C_{0,1} = -1\ 000\ 000 + 315\ 471 \cdot 0{,}917431 + 100\ 000 \cdot 0{,}841680$
$\qquad\qquad\qquad\quad + 315\ 471 \cdot 0{,}772183 + 585\ 471 \cdot 0{,}708425$

$\qquad\qquad C_{0,1} = 31\ 955\ (DM)$

$i_2 = 10\ \% \rightarrowtail C_{0,2} = -1\ 000\ 000 + 315\ 471 \cdot 0{,}909091 + 100\ 000 \cdot 0{,}826446$
$\qquad\qquad\qquad\quad + 315\ 471 \cdot 0{,}751315 + 585\ 471 \cdot 0{,}683013$

$\qquad\qquad C_{0,2} = 6\ 339\ (DM)$

$i_3 = 11\ \% \rightarrowtail C_{0,3} = -1\ 000\ 000 + 315\ 471 \cdot 0{,}900901 + 100\ 000 \cdot 0{,}811622$
$\qquad\qquad\qquad\quad + 315\ 471 \cdot 0{,}731191 + 585\ 471 \cdot 0{,}658731$

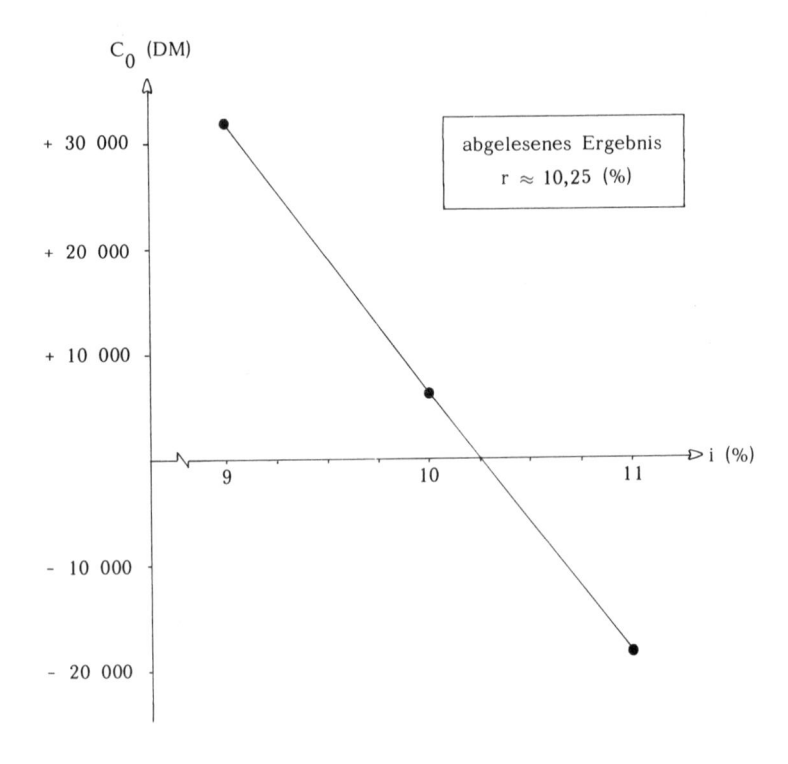

$\qquad\qquad C_{0,3} = -18\ 292\ (DM)$

abgelesenes Ergebnis
$r \approx 10{,}25\ (\%)$

7. Lösungsanhang: Lösungen der Testklausuren

Entscheidung

Die Investition "Kauf einer Goldmine" bringt einen Effektivzins von rund 10,2 %. Dieser liegt um rund 1,2 Prozentpunkte über der Mindestverzinsungsanforderung des Investors von 9 %. Der Investor sollte kaufen.

Kontrollrechnung mit Hilfe der Regula falsi

$$r = i_1 - C_{0,1} \cdot \frac{i_2 - i_1}{C_{0,2} - C_{0,1}}$$

$$r = 10 - 6\,339 \cdot \frac{11 - 10}{-18\,292 - 6\,339}$$

$$r = 10 + \frac{6\,339}{24\,631}$$

$$r = 10{,}26 \ (\%)$$

Aufgabe 3

Ein Investor stellt am Ende der Nutzungsdauer fest, daß ...	Zugehöriger Effektivzins r
... die Investition eine vollständige Wiedergewinnung der Anschaffungsauszahlung, aber nichts darüber hinaus erbringt.	$r < i$ $r = 0$
... die Investition eine vollständige Wiedergewinnung der Anschaffungsauszahlung und eine Verzinsung der jeweils noch ausstehenden Beträge zum Kalkulationszinsfuß erbringt.	$r = i$
... die Investition eine vollständige Wiedergewinnung der Anschaffungsauszahlung und eine Verzinsung der jeweils noch ausstehenden Beträge zu einem zwei Prozentpunkte über dem Kalkulationszinsfuß liegenden Zinssatz erbringt.	$r > i$ $r = i + 2 \ (\%)$
... die Investition eine vollständige Wiedergewinnung der Anschaffungsauszahlung nebst Zinsen auf die jeweils noch ausstehenden Beträge erbringt und zusätzlich einen barwertigen Überschuß von 123 DM abwirft.	$r > i$
... die Investition keine vollständige Wiedergewinnung der eingesetzten Mittel erbringt.	$r < i$ $r < 0$

Lösung Test 3: Annuitätenmethode

Aufgabe 1

(a) Im Rahmen der Annuitätenmethode

- ermittelt man die durchschnittlichen jährlichen Ein- und Auszahlungen und/oder den durchschnittlichen jährlichen Überschuß DJÜ; (+)
- ergibt sich der durchschnittliche jährliche Überschuß DJÜ durch Multiplikation des Kapitalwertes mit dem Kapitalwiedergewinnungsfaktor KWF; (+)
- erhält man den Kapitalwert C_0 durch Multiplikation des durchschnittlichen jährlichen Überschusses mit dem Diskontierungssummenfaktor DSF. (+)

(b) Nach dem Annuitätenkriterium gilt eine Investition als vorteilhaft, wenn

- ihre durchschnittlichen jährlichen Einzahlungen DJE positiv sind; (-)
- ihr durchschnittlicher jährlicher Überschuß DJÜ größer oder gleich Null ist; (+)
- die Differenz zwischen den jährlichen Einzahlungen e und den Betriebs- und Instandhaltungsauszahlungen a positiv ist. (-)

(c) Der durchschnittliche jährliche Überschuß einer Investition

- kann niemals negativ werden, wenn ihre durchschnittlichen jährlichen Nettoeinzahlungen (e - a) positiv sind; (-)
- fällt unter sonst gleichen Umständen mit steigendem Kalkulationszinsfuß; (+)
- fällt unter sonst gleichen Umständen im Regelfall mit steigender Nutzungsdauer n. (-)

(d) Der durchschnittliche jährliche Überschuß DJÜ einer vorteilhaften Investition steigt unter sonst gleichen Umständen

- mit steigendem Restwert R; (+)
- mit steigender Anschaffungsauszahlung A; (-)
- mit steigenden Betriebs- und Instandhaltungsauszahlungen a. (-)

7. Lösungsanhang: Lösungen der Testklausuren

(e) Wenn der durchschnittliche jährliche Überschuß DJÜ einer Investition gleich Null ist, dann

- ist ihr Kapitalwert größer Null; (-)
- stimmen Kalkulationszinsfuß und interner Zinssatz überein; (+)
- haben die Nettoeinzahlungen (e - a) stets den Wert Null. (-)

Aufgabe 2

a) $i_1 = 12$ (%) $\qquad$ $i_2 = 6$ (%)

$DJE = e + R \cdot RVF_5$ $\qquad$ $DJE = e + R \cdot RVF_5$

$DJE = 32\,000 + 4\,000 \cdot 0,157410$ $\qquad$ $DJE = 32\,000 + 4\,000 \cdot 0,177396$

$DJE = 32\,630$ (DM) $\qquad$ $DJE = 32\,710$ (DM)

$DJA = a + A \cdot KWF_5$ $\qquad$ $DJA = a + A \cdot KWF_5$

$DJA = 12\,000 + 80\,000 \cdot 0,277410$ $\qquad$ $DJA = 12\,000 + 80\,000 \cdot 0,237396$

$DJA = 34\,193$ (DM) $\qquad$ $DJA = 30\,992$ (DM)

$DJA > DJE \rightarrow\rightarrow\rightarrow$ $\qquad$ $DJE > DJA \rightarrow\rightarrow\rightarrow$
Investition lohnt sich nicht. $\qquad$ Investition lohnt sich.

b)

	0	1	2	3	4	5	
						+ 4	
		+ 32	+ 32	+ 32	+ 32	+ 32	(DM)
	- 80	- 10	- 11	- 12	- 13	- 14	
							(Jahre)

Zeitpunkt	Zahlung (DM)	AbF (6 %)	Barwert (DM)
	I	II	III = I · II
0	- 80 000	-	- 80 000
1	22 000	0,943396	20 755
2	21 000	0,889996	18 690
3	20 000	0,839619	16 792
4	19 000	0,792094	15 050
5	22 000	0,747258	16 440
Kapitalwert:			7 727

$DJÜ = C_0 \cdot KWF_5 = 7\ 727 \cdot 0{,}237396 = 1\ 834$ (DM)

DJÜ > 0: Investition lohnt sich.

Aufgabe 3

Ein Investor stellt am Ende der Nutzungsdauer fest, daß ...	Zugehöriger DJÜ
... die Investition keine vollständige Wiedergewinnung der eingesetzten Mittel erbringt.	DJÜ < 0
... die Investition eine vollständige Wiedergewinnung der Anschaffungsauszahlung, aber nichts darüber hinaus erbringt.	DJÜ < 0
... die Investition eine vollständige Wiedergewinnung der Anschaffungsauszahlung und eine Verzinsung der jeweils noch ausstehenden Beträge zu einem zwei Prozentpunkte über dem Kalkulationszinsfuß liegenden Zinssatz erbringt.	DJÜ > 0
... die Investition eine vollständige Wiedergewinnung der Anschaffungsauszahlung und eine Verzinsung der jeweils noch ausstehenden Beträge zum Kalkulationszinsfuß erbringt.	DJÜ = 0
... die Investition eine vollständige Wiedergewinnung der Anschaffungsauszahlung nebst Verzinsung der jeweils noch ausstehenden Beträge mit dem Kalkulationszinssatz erbringt und zusätzlich einen durchschnittlichen jährlichen Überschuß von 151 DM abwirft.	DJÜ = 151 (DM)

7. Lösungsanhang: Lösungen der Testklausuren

Lösung Test 4: Amortisationsrechnung

Aufgabe 1

(a) Die statische Amortisationszeit eines Objekts ist die Anzahl von Jahren,

- nach der das Objekt wegen technischer Überalterung aus dem Betrieb scheidet; (-)
- bei der die Addition aller Ein- und Auszahlungen des Objekts den Wert Null ergibt; (+)
- bei der die Anschaffungsauszahlung des Objekts dem kumulierten Wert aller nach dem Zeitpunkt Null anfallenden Nettoeinzahlungen inklusive Restwert entspricht. (+)

(b) Die statische Amortisationszeit eines Objekts

- steigt mit steigendem Kalkulationszinsfuß; (-)
- steigt mit sinkendem Kalkulationszinsfuß; (-)
- ist unabhängig von der Höhe des Kalkulationszinsfußes. (+)

(c) Die rechnerische Ermittlung der statischen Amortisationszeit

- erfolgt nach der Durchschnittsrechnung, wenn die jährlichen Nettoeinzahlungen im Zeitablauf stark schwanken; (-)
- erfolgt nach der Kumulationsrechnung, wenn die jährlichen Nettoeinzahlungen im Zeitablauf stark schwanken; (+)
- ist bei reinen Rationalisierungsinvestitionen deshalb unmöglich, weil diese nur die Auszahlungsseite betreffen und die Einzahlungsseite unberührt lassen. (-)

(d) Grundsätzlich gilt für Investitionsobjekte: Sie können

- unvorteilhaft sein, obwohl ihre Amortisationszeiten sehr kurz sind; (+)
- unterschiedlich vorteilhaft sein, obwohl ihre Amortisationszeiten gleich sind; (+)
- vorteilhaft sein, obwohl ihre Amortisationszeiten lang sind und über der von der Unternehmungsleitung vorgegebenen maximal zulässigen Zeit liegen. (+)

(e) Die dynamische Amortisationszeit einer Anlage ist

- unter sonst gleichen Umständen im Regelfall länger als die statische; (+)
- ein kritischer Wert in bezug auf die betreffende Investition, bei dem der Kapitalwert des Objekts gerade gleich Null wird; (+)
- ein kritischer Wert in bezug auf die betreffende Investition, bei dem der interne Zinsfuß des Objekts gerade dem Kalkulationszinsfuß entspricht. (+)

Aufgabe 2

a) Zeitstrahl / statische Amortisationszeit nach Durchschnittsmethode

$$-100 \quad +30 \quad +30 \quad +30 \quad +20 \quad +20 \quad +20 \quad +10 \quad +10 \quad +10 \quad \text{(TDM)}$$
$$0 \quad 1 \quad 2 \quad 3 \quad 4 \quad 5 \quad 6 \quad 7 \quad 8 \quad 9 \quad \text{(Jahre)}$$

Durchschnittswert der Rückflüsse $= \dfrac{3 \cdot 30\,000 + 3 \cdot 20\,000 + 3 \cdot 10\,000}{9} = 20\,000$ (DM/J)

Statische Amortisationszeit (Durchschnittsmethode) $= \dfrac{A}{\emptyset\,(e-a)} = \dfrac{100\,000}{20\,000} = 5$ (Jahre)

b) Tabellarische Ermittlung der statischen und dynamischen Amortisationszeit

Jahre	Rückflüsse (DM)	Kumulierte Rückflüsse (DM)	Abzinsungsfaktor (12 %)	Barwertige Rückflüsse (DM)	Kumulierte barwertige Rückflüsse (DM)
	I	II = Summe I	III	IV = I · III	V = Summe IV
1	30 000	30 000	0,892857	26 786	26 786
2	30 000	60 000	0,797194	23 916	50 702
3	30 000	90 000	0,711780	21 353	72 055
4	20 000	110 000	0,635518	12 710	84 765
5	20 000	130 000	0,567427	11 349	96 114
6	20 000	150 000	0,506631	10 133	106 247
7	10 000	160 000	0,452349	4 523	110 770
8	10 000	170 000	0,403883	4 039	114 809
9	10 000	180 000	0,360610	3 606	118 415

Statische Amortisationszeit nach Kumulationsmethode = 3,5 (Jahre)
Dynamische Amortisationszeit = 5,4 (Jahre)

c) An welcher der drei Amortisationszeiten sollte man seine Entscheidung ausrichten? Bitte kreuzen Sie das Zutreffende an.

- statische Amortisationszeit gemäß Durchschnittsrechnung ☐
- statische Amortisationszeit gemäß Kumulationsrechnung ☐
- dynamische Amortisationszeit ☒

d) Statische und dynamische Amortisationszeit (Interpretation)

Die statische Amortisationszeit gibt an, wieviel Jahre vergehen, bis der Investor seine Anschaffungsauszahlung wiedergewonnen hat.

Die dynamische Amortisationszeit gibt an, wieviel Jahre vergehen, bis der Investor seine Anschaffungsauszahlung nebst Zinsen auf die jeweils noch ausstehenden Beträge wiedergewonnen hat.

Meist ist die dynamische Amortisationszeit die längere, weil zusätzlich zur Kapitalwiedergewinnung auch eine Verzinsung der ausstehenden Beträge verlangt wird. Hat der Kalkulationszinssatz (ausnahmsweise) den Wert Null, so stimmen statische und dynamische Amortisationsdauer überein.

Aufgabe 3

Wenn die tatsächliche Nutzungsdauer ...	dann gilt für den Kapitalwert:
... unter der statischen Amortisationszeit liegt,	$C_0 < 0$
... mit der statischen Amortisationszeit übereinstimmt,	$C_0 < 0$
... mit der dynamischen Amortisationszeit übereinstimmt,	$C_0 = 0$
... über der dynamischen Amortisationszeit liegt,	$C_0 > 0$

Lösung Test 5: Investitionsrechnungsformular

Zeitpunkt/ Geschäfts-jahr	Eingabewerte									Barwerte (14 %) (DM)
	Auszahlungen A, a (DM)	Einzahlungen e, R (DM)	Nettoein-zahlungen (DM)	Faktoren (10 %)	Barwerte (10 %) (DM)	Kumulierte Nettoein-zahlungen (DM)	Kumulierte Barwerte (DM)	Faktoren (14 %)	
	I	II	III = II − I	IV	V = III · IV	VI = Summe III	VII = Summe V	VIII	IX = III · VIII
− 2 19..	200 000	0	− 200 000	1,210000	− 242 000	− 200 000	− 242 000	1,299600	− 259 920
− 1 19..	150 000	0	− 150 000	1,100000	− 165 000	− 350 000	− 407 000	1,140000	− 171 000
0 19..	430 000	0	− 430 000	1,000000	− 430 000	− 780 000	− 837 000	1,000000	− 430 000
1 19..	780 000	800 000	20 000	0,909091	18 182	− 760 000	− 818 818	0,877193	17 544
2 19..	1 260 000	1 760 000	500 000	0,826446	413 223	− 260 000	− 405 595	0,769468	384 734
3 19..	1 500 000	2 000 000	500 000	0,751315	375 658	240 000	− 29 937	0,674972	337 486
4 19..	1 200 000	1 400 000	200 000	0,683013	136 603	440 000	106 666	0,592080	118 418
5 19..				0,620921				0,519369	
6 19..				0,564474				0,455587	
7 19..				0,513158				0,399637	
8 19..				0,466507				0,350559	
9 19..				0,424098				0,307508	
10 19..				0,385543				0,269744	
11 19..				0,350494				0,236617	
12 19..				0,318631				0,207559	

7. Lösungsanhang: Lösungen der Testklausuren

Ausgabewerte

Zielgröße	Rechengang	Ergebniswert	Symbol
Kapitalwert (10 %)	Spalte V summieren	+ 106 666 DM	$C_{0,1}$
Kapitalwert (14 %)	Spalte IX summieren	- 2 738 DM	$C_{0,2}$
Rendite (interner Zinsfuß)	$r = 10 - C_{0,1} \cdot \dfrac{14 - 10}{C_{0,2} - C_{0,1}}$	13,9 %	r
Durchschnittlicher jährlicher Überschuß (10 %)	$C_{0,1}$ · Kapitalwiedergewinnungsfaktor (10 %)	+ 33 650 DM	$DJÜ_1$
Durchschnittlicher jährlicher Überschuß (14 %)	$C_{0,2}$ · Kapitalwiedergewinnungsfaktor (14 %)	- 940 DM	$DJÜ_2$
Statische Amortisationszeit	Ermittlung der Zeit, in der die Gesamtsumme der kumulierten Nettoeinzahlungen gleich Null ist (VI = Summe III).	ca. 2,5 Jahre	t
Dynamische Amortisationszeit (10 %)	Ermittlung der Zeit, in der die Gesamtsumme der kumulierten Barwerte der Nettoeinzahlungen gleich Null ist (VII = Summe V).	ca. 3,2 Jahre	t_d

8. Tabellenanhang: Die sechs finanzmathematischen Faktoren

Faktor	Alternative Schreibweise $(1+i) = q$	Bezeichnung
$(1+i)^n$	q^n	Aufzinsungsfaktor (AuF)
$(1+i)^{-n}$	q^{-n}	Abzinsungsfaktor (AbF)
$\dfrac{(1+i)^n - 1}{i(1+i)^n}$	$\dfrac{q^n - 1}{q^n(q-1)}$	Diskontierungssummenfaktor (DSF) Abzinsungssummenfaktor Barwertfaktor Rentenbarwertfaktor Kapitalisierungsfaktor
$\dfrac{i(1+i)^n}{(1+i)^n - 1}$	$\dfrac{q^n(q-1)}{q^n - 1}$	Kapitalwiedergewinnungsfaktor (KWF) Verrentungsfaktor Annuitätenfaktor
$\dfrac{i}{(1+i)^n - 1}$	$\dfrac{q - 1}{q^n - 1}$	Restwertverteilungsfaktor (RVF)
$\dfrac{(1+i)^n - 1}{i}$	$\dfrac{q^n - 1}{q - 1}$	Endwertfaktor (EWF) Aufzinsungssummenfaktor

8. Tabellenanhang: Die sechs finanzmathematischen Faktoren

Funktion (verbal)	Funktion (graphisch)
zinst einen jetzt fälligen Geldbetrag K_0 mit Zins und Zinseszins auf einen nach n Jahren fälligen Geldbetrag K_n auf (verwandelt "Einmalzahlung jetzt" in "Einmalzahlung nach n Jahren")	AuF: K_0 bei 0, K_n bei n, Zeitachse 0 1 2 3 ... n
zinst einen nach n Jahren fälligen Geldbetrag K_n unter Berücksichtigung von Zins und Zinseszins auf einen jetzt fälligen Geldbetrag K_0 ab (verwandelt "Einmalzahlung nach n Jahren" in "Einmalzahlung jetzt")	AbF: K_0 bei 0, K_n bei n, Zeitachse 0 1 2 3 ... n
zinst die Glieder g einer Zahlungsreihe unter Berücksichtigung von Zins und Zinseszins ab und addiert gleichzeitig die Barwerte (verwandelt Zahlungsreihe in "Einmalzahlung jetzt")	DSF: K_0 bei 0, g g g ... g bei 1..n, Zeitachse 0 1 2 3 ... n
verteilt einen jetzt fälligen Geldbetrag K_0 in gleiche Annuitäten g unter Berücksichtigung von Zins und Zinseszins auf n Jahre (verwandelt "Einmalzahlung jetzt" in Zahlungsreihe)	KWF: K_0 bei 0, g g g ... g bei 1..n, Zeitachse 0 1 2 3 ... n
verteilt eine nach n Jahren fällige Einmalzahlung K_n unter Berücksichtigung von Zins und Zinseszins auf die Laufzeit von n Jahren (verwandelt "Einmalzahlung nach n Jahren" in Zahlungsreihe)	RVF: K_n bei n, g g g ... g bei 1..n, Zeitachse 0 1 2 3 ... n
zinst die Glieder g einer Zahlungsreihe unter Berücksichtigung von Zins und Zinseszins auf und addiert gleichzeitig die Endwerte (verwandelt Zahlungsreihe in "Einmalzahlung nach n Jahren")	EWF: g g g ... g bei 1..n, K_n bei n, Zeitachse 0 1 2 3 ... n

5,00 %

n	AuF $(1+i)^n$	AbF $(1+i)^{-n}$	DSF $\dfrac{(1+i)^n - 1}{i(1+i)^n}$	KWF $\dfrac{i(1+i)^n}{(1+i)^n - 1}$	EWF $\dfrac{(1+i)^n - 1}{i}$	RVF $\dfrac{i}{(1+i)^n - 1}$
1	1.050000	0.952381	0.952381	1.050000	1.000000	1.000000
2	1.102500	0.907029	1.859410	0.537805	2.050000	0.487805
3	1.157625	0.863838	2.723248	0.367209	3.152500	0.317209
4	1.215506	0.822702	3.545951	0.282012	4.310125	0.232012
5	1.276282	0.783526	4.329477	0.230975	5.525631	0.180975
6	1.340096	0.746215	5.075692	0.197017	6.801913	0.147017
7	1.407100	0.710681	5.786373	0.172820	8.142008	0.122820
8	1.477455	0.676839	6.463213	0.154722	9.549109	0.104722
9	1.551328	0.644609	7.107822	0.140690	11.026564	0.090690
10	1.628895	0.613913	7.721735	0.129505	12.577893	0.079505
11	1.710339	0.584679	8.306414	0.120389	14.206787	0.070389
12	1.795856	0.556837	8.863252	0.112825	15.917127	0.062825
13	1.885649	0.530321	9.393573	0.106456	17.712983	0.056456
14	1.979932	0.505068	9.898641	0.101024	19.598632	0.051024
15	2.078928	0.481017	10.379658	0.096342	21.578564	0.046342
16	2.182875	0.458112	10.837770	0.092270	23.657492	0.042270
17	2.292018	0.436297	11.274066	0.088699	25.840366	0.038699
18	2.406619	0.415521	11.689587	0.085546	28.132385	0.035546
19	2.526950	0.395734	12.085321	0.082745	30.539004	0.032745
20	2.653298	0.376889	12.462210	0.080243	33.065954	0.030243
21	2.785963	0.358942	12.821153	0.077996	35.719252	0.027996
22	2.925261	0.341850	13.163003	0.075971	38.505214	0.025971
23	3.071524	0.325571	13.488574	0.074137	41.430475	0.024137
24	3.225100	0.310068	13.798642	0.072471	44.501999	0.022471
25	3.386355	0.295303	14.093945	0.070952	47.727099	0.020952
26	3.555673	0.281241	14.375185	0.069564	51.113454	0.019564
27	3.733456	0.267848	14.643034	0.068292	54.669126	0.018292
28	3.920129	0.255094	14.898127	0.067123	58.402583	0.017123
29	4.116136	0.242946	15.141074	0.066046	62.322712	0.016046
30	4.321942	0.231377	15.372451	0.065051	66.438848	0.015051
35	5.516015	0.181290	16.374194	0.061072	90.320307	0.011072
40	7.039989	0.142046	17.159086	0.058278	120.799774	0.008278
45	8.985008	0.111297	17.774070	0.056262	159.700156	0.006262
50	11.467400	0.087204	18.255925	0.054777	209.347996	0.004777

8. Tabellenanhang: Die sechs finanzmathematischen Faktoren

	6,00 %					
n	AuF $(1+i)^n$	AbF $(1+i)^{-n}$	DSF $\dfrac{(1+i)^n - 1}{i(1+i)^n}$	KWF $\dfrac{i(1+i)^n}{(1+i)^n - 1}$	EWF $\dfrac{(1+i)^n - 1}{i}$	RVF $\dfrac{i}{(1+i)^n - 1}$
1	1.060000	0.943396	0.943396	1.060000	1.000000	1.000000
2	1.123600	0.889996	1.833393	0.545437	2.060000	0.485437
3	1.191016	0.839619	2.673012	0.374110	3.183600	0.314110
4	1.262477	0.792094	3.465106	0.288591	4.374616	0.228591
5	1.338226	0.747258	4.212364	0.237396	5.637093	0.177396
6	1.418519	0.704961	4.917324	0.203363	6.975319	0.143363
7	1.503630	0.665057	5.582381	0.179135	8.393838	0.119135
8	1.593848	0.627412	6.209794	0.161036	9.897468	0.101036
9	1.689479	0.591898	6.801692	0.147022	11.491316	0.087022
10	1.790848	0.558395	7.360087	0.135868	13.180795	0.075868
11	1.898299	0.526788	7.886875	0.126793	14.971643	0.066793
12	2.012196	0.496969	8.383844	0.119277	16.869941	0.059277
13	2.132928	0.468839	8.852683	0.112960	18.882138	0.052960
14	2.260904	0.442301	9.294984	0.107585	21.015066	0.047585
15	2.396558	0.417265	9.712249	0.102963	23.275970	0.042963
16	2.540352	0.393646	10.105895	0.098952	25.672528	0.038952
17	2.692773	0.371364	10.477260	0.095445	28.212880	0.035445
18	2.854339	0.350344	10.827603	0.092357	30.905653	0.032357
19	3.025600	0.330513	11.158116	0.089621	33.759992	0.029621
20	3.207135	0.311805	11.469921	0.087185	36.785591	0.027185
21	3.399564	0.294155	11.764077	0.085005	39.992727	0.025005
22	3.603537	0.277505	12.041582	0.083046	43.392290	0.023046
23	3.819750	0.261797	12.303379	0.081278	46.995828	0.021278
24	4.048935	0.246979	12.550358	0.079679	50.815577	0.019679
25	4.291871	0.232999	12.783356	0.078227	54.864512	0.018227
26	4.549383	0.219810	13.003166	0.076904	59.156383	0.016904
27	4.822346	0.207368	13.210534	0.075697	63.705766	0.015697
28	5.111687	0.195630	13.406164	0.074593	68.528112	0.014593
29	5.418388	0.184557	13.590721	0.073580	73.639798	0.013580
30	5.743491	0.174110	13.764831	0.072649	79.058186	0.012649
35	7.686087	0.130105	14.498246	0.068974	111.434780	0.008974
40	10.285718	0.097222	15.046297	0.066462	154.761966	0.006462
45	13.764611	0.072650	15.455832	0.064700	212.743514	0.004700
50	18.420154	0.054288	15.761861	0.063444	290.335905	0.003444

8. Tabellenanhang: Die sechs finanzmathematischen Faktoren

7,00 %

n	AuF $(1+i)^n$	AbF $(1+i)^{-n}$	DSF $\dfrac{(1+i)^n - 1}{i(1+i)^n}$	KWF $\dfrac{i(1+i)^n}{(1+i)^n - 1}$	EWF $\dfrac{(1+i)^n - 1}{i}$	RVF $\dfrac{i}{(1+i)^n - 1}$
1	1.070000	0.934579	0.934579	1.070000	1.000000	1.000000
2	1.144900	0.873439	1.808018	0.553092	2.070000	0.483092
3	1.225043	0.816298	2.624316	0.381052	3.214900	0.311052
4	1.310796	0.762895	3.387211	0.295228	4.439943	0.225228
5	1.402552	0.712986	4.100197	0.243891	5.750739	0.173891
6	1.500730	0.666342	4.766540	0.209796	7.153291	0.139796
7	1.605781	0.622750	5.389289	0.185553	8.654021	0.115553
8	1.718186	0.582009	5.971299	0.167468	10.259803	0.097468
9	1.838459	0.543934	6.515232	0.153486	11.977989	0.083486
10	1.967151	0.508349	7.023582	0.142378	13.816448	0.072378
11	2.104852	0.475093	7.498674	0.133357	15.783599	0.063357
12	2.252192	0.444012	7.942686	0.125902	17.888451	0.055902
13	2.409845	0.414964	8.357651	0.119651	20.140643	0.049651
14	2.578534	0.387817	8.745468	0.114345	22.550488	0.044345
15	2.759032	0.362446	9.107914	0.109795	25.129022	0.039795
16	2.952164	0.338735	9.446649	0.105858	27.888054	0.035858
17	3.158815	0.316574	9.763223	0.102425	30.840217	0.032425
18	3.379932	0.295864	10.059087	0.099413	33.999033	0.029413
19	3.616528	0.276508	10.335595	0.096753	37.378965	0.026753
20	3.869684	0.258419	10.594014	0.094393	40.995492	0.024393
21	4.140562	0.241513	10.835527	0.092289	44.865177	0.022289
22	4.430402	0.225713	11.061240	0.090406	49.005739	0.020406
23	4.740530	0.210947	11.272187	0.088714	53.436141	0.018714
24	5.072367	0.197147	11.469334	0.087189	58.176671	0.017189
25	5.427433	0.184249	11.653583	0.085811	63.249038	0.015811
26	5.807353	0.172195	11.825779	0.084561	68.676470	0.014561
27	6.213868	0.160930	11.986709	0.083426	74.483823	0.013426
28	6.648838	0.150402	12.137111	0.082392	80.697691	0.012392
29	7.114257	0.140563	12.277674	0.081449	87.346529	0.011449
30	7.612255	0.131367	12.409041	0.080586	94.460786	0.010586
35	10.676581	0.093663	12.947672	0.077234	138.236878	0.007234
40	14.974458	0.066780	13.331709	0.075009	199.635112	0.005009
45	21.002452	0.047613	13.605522	0.073500	285.749311	0.003500
50	29.457025	0.033948	13.800746	0.072460	406.528929	0.002460

8. Tabellenanhang: Die sechs finanzmathematischen Faktoren

	8,00 %					
n	AuF $(1+i)^n$	AbF $(1+i)^{-n}$	DSF $\dfrac{(1+i)^n - 1}{i(1+i)^n}$	KWF $\dfrac{i(1+i)^n}{(1+i)^n - 1}$	EWF $\dfrac{(1+i)^n - 1}{i}$	RVF $\dfrac{i}{(1+i)^n - 1}$
1	1.080000	0.925926	0.925926	1.080000	1.000000	1.000000
2	1.166400	0.857339	1.783265	0.560769	2.080000	0.480769
3	1.259712	0.793832	2.577097	0.388034	3.246400	0.308034
4	1.360489	0.735030	3.312127	0.301921	4.506112	0.221921
5	1.469328	0.680583	3.992710	0.250456	5.866601	0.170456
6	1.586874	0.630170	4.622880	0.216315	7.335929	0.136315
7	1.713824	0.583490	5.206370	0.192072	8.922803	0.112072
8	1.850930	0.540269	5.746639	0.174015	10.636628	0.094015
9	1.999005	0.500249	6.246888	0.160080	12.487558	0.080080
10	2.158925	0.463193	6.710081	0.149029	14.486562	0.069029
11	2.331639	0.428883	7.138964	0.140076	16.645487	0.060076
12	2.518170	0.397114	7.536078	0.132695	18.977126	0.052695
13	2.719624	0.367698	7.903776	0.126522	21.495297	0.046522
14	2.937194	0.340461	8.244237	0.121297	24.214920	0.041297
15	3.172169	0.315242	8.559479	0.116830	27.152114	0.036830
16	3.425943	0.291890	8.851369	0.112977	30.324283	0.032977
17	3.700018	0.270269	9.121638	0.109629	33.750226	0.029629
18	3.996019	0.250249	9.371887	0.106702	37.450244	0.026702
19	4.315701	0.231712	9.603599	0.104128	41.446263	0.024128
20	4.660957	0.214548	9.818147	0.101852	45.761964	0.021852
21	5.033834	0.198656	10.016803	0.099832	50.422921	0.019832
22	5.436540	0.183941	10.200744	0.098032	55.456755	0.018032
23	5.871464	0.170315	10.371059	0.096422	60.893296	0.016422
24	6.341181	0.157699	10.528758	0.094978	66.764759	0.014978
25	6.848475	0.146018	10.674776	0.093679	73.105940	0.013679
26	7.396353	0.135202	10.809978	0.092507	79.954415	0.012507
27	7.988061	0.125187	10.935165	0.091448	87.350768	0.011448
28	8.627106	0.115914	11.051078	0.090489	95.338830	0.010489
29	9.317275	0.107328	11.158406	0.089619	103.965936	0.009619
30	10.062657	0.099377	11.257783	0.088827	113.283211	0.008827
35	14.785344	0.067635	11.654568	0.085803	172.316804	0.005803
40	21.724521	0.046031	11.924613	0.083860	259.056519	0.003860
45	31.920449	0.031328	12.108402	0.082587	386.505617	0.002587
50	46.901613	0.021321	12.233485	0.081743	573.770156	0.001743

9,00 %

n	AuF $(1+i)^n$	AbF $(1+i)^{-n}$	DSF $\dfrac{(1+i)^n - 1}{i(1+i)^n}$	KWF $\dfrac{i(1+i)^n}{(1+i)^n - 1}$	EWF $\dfrac{(1+i)^n - 1}{i}$	RVF $\dfrac{i}{(1+i)^n - 1}$
1	1.090000	0.917431	0.917431	1.090000	1.000000	1.000000
2	1.188100	0.841680	1.759111	0.568469	2.090000	0.478469
3	1.295029	0.772183	2.531295	0.395055	3.278100	0.305055
4	1.411582	0.708425	3.239720	0.308669	4.573129	0.218669
5	1.538624	0.649931	3.889651	0.257092	5.984711	0.167092
6	1.677100	0.596267	4.485919	0.222920	7.523335	0.132920
7	1.828039	0.547034	5.032953	0.198691	9.200435	0.108691
8	1.992563	0.501866	5.534819	0.180674	11.028474	0.090674
9	2.171893	0.460428	5.995247	0.166799	13.021036	0.076799
10	2.367364	0.422411	6.417658	0.155820	15.192930	0.065820
11	2.580426	0.387533	6.805191	0.146947	17.560293	0.056947
12	2.812665	0.355535	7.160725	0.139651	20.140720	0.049651
13	3.065805	0.326179	7.486904	0.133567	22.953385	0.043567
14	3.341727	0.299246	7.786150	0.128433	26.019189	0.038433
15	3.642482	0.274538	8.060688	0.124059	29.360916	0.034059
16	3.970306	0.251870	8.312558	0.120300	33.003399	0.030300
17	4.327633	0.231073	8.543631	0.117046	36.973705	0.027046
18	4.717120	0.211994	8.755625	0.114212	41.301338	0.024212
19	5.141661	0.194490	8.950115	0.111730	46.018458	0.021730
20	5.604411	0.178431	9.128546	0.109546	51.160120	0.019546
21	6.108808	0.163698	9.292244	0.107617	56.764530	0.017617
22	6.658600	0.150182	9.442425	0.105905	62.873338	0.015905
23	7.257874	0.137781	9.580207	0.104382	69.531939	0.014382
24	7.911083	0.126405	9.706612	0.103023	76.789813	0.013023
25	8.623081	0.115968	9.822580	0.101806	84.700896	0.011806
26	9.399158	0.106393	9.928972	0.100715	93.323977	0.010715
27	10.245082	0.097608	10.026580	0.099735	102.723135	0.009735
28	11.167140	0.089548	10.116128	0.098852	112.968217	0.008852
29	12.172182	0.082155	10.198283	0.098056	124.135356	0.008056
30	13.267678	0.075371	10.273654	0.097336	136.307539	0.007336
35	20.413968	0.048986	10.566821	0.094636	215.710755	0.004636
40	31.409420	0.031838	10.757360	0.092960	337.882445	0.002960
45	48.327286	0.020692	10.881197	0.091902	525.858734	0.001902
50	74.357520	0.013449	10.961683	0.091227	815.083556	0.001227

8. Tabellenanhang: Die sechs finanzmathematischen Faktoren

10,00 %

n	AuF $(1+i)^n$	AbF $(1+i)^{-n}$	DSF $\dfrac{(1+i)^n - 1}{i(1+i)^n}$	KWF $\dfrac{i(1+i)^n}{(1+i)^n - 1}$	EWF $\dfrac{(1+i)^n - 1}{i}$	RVF $\dfrac{i}{(1+i)^n - 1}$
1	1.100000	0.909091	0.909091	1.100000	1.000000	1.000000
2	1.210000	0.826446	1.735537	0.576190	2.100000	0.476190
3	1.331000	0.751315	2.486852	0.402115	3.310000	0.302115
4	1.464100	0.683013	3.169865	0.315471	4.641000	0.215471
5	1.610510	0.620921	3.790787	0.263797	6.105100	0.163797
6	1.771561	0.564474	4.355261	0.229607	7.715610	0.129607
7	1.948717	0.513158	4.868419	0.205405	9.487171	0.105405
8	2.143589	0.466507	5.334926	0.187444	11.435888	0.087444
9	2.357948	0.424098	5.759024	0.173641	13.579477	0.073641
10	2.593742	0.385543	6.144567	0.162745	15.937425	0.062745
11	2.853117	0.350494	6.495061	0.153963	18.531167	0.053963
12	3.138428	0.318631	6.813692	0.146763	21.384284	0.046763
13	3.452271	0.289664	7.103356	0.140779	24.522712	0.040779
14	3.797498	0.263331	7.366687	0.135746	27.974983	0.035746
15	4.177248	0.239392	7.606080	0.131474	31.772482	0.031474
16	4.594973	0.217629	7.823709	0.127817	35.949730	0.027817
17	5.054470	0.197845	8.021553	0.124664	40.544703	0.024664
18	5.559917	0.179859	8.201412	0.121930	45.599173	0.021930
19	6.115909	0.163508	8.364920	0.119547	51.159090	0.019547
20	6.727500	0.148644	8.513564	0.117460	57.274999	0.017460
21	7.400250	0.135131	8.648694	0.115624	64.002499	0.015624
22	8.140275	0.122846	8.771540	0.114005	71.402749	0.014005
23	8.954302	0.111678	8.883218	0.112572	79.543024	0.012572
24	9.849733	0.101526	8.984744	0.111300	88.497327	0.011300
25	10.834706	0.092296	9.077040	0.110168	98.347059	0.010168
26	11.918177	0.083905	9.160945	0.109159	109.181765	0.009159
27	13.109994	0.076278	9.237223	0.108258	121.099942	0.008258
28	14.420994	0.069343	9.306567	0.107451	134.209936	0.007451
29	15.863093	0.063039	9.369606	0.106728	148.630930	0.006728
30	17.449402	0.057309	9.426914	0.106079	164.494023	0.006079
35	28.102437	0.035584	9.644159	0.103690	271.024368	0.003690
40	45.259256	0.022095	9.779051	0.102259	442.592556	0.002259
45	72.890484	0.013719	9.862808	0.101391	718.904837	0.001391
50	117.390853	0.008519	9.914814	0.100859	1163.908529	0.000859

11,00 %

n	AuF $(1+i)^n$	AbF $(1+i)^{-n}$	DSF $\dfrac{(1+i)^n - 1}{i(1+i)^n}$	KWF $\dfrac{i(1+i)^n}{(1+i)^n - 1}$	EWF $\dfrac{(1+i)^n - 1}{i}$	RVF $\dfrac{i}{(1+i)^n - 1}$
1	1.110000	0.900901	0.900901	1.110000	1.000000	1.000000
2	1.232100	0.811622	1.712523	0.583934	2.110000	0.473934
3	1.367631	0.731191	2.443715	0.409213	3.342100	0.299213
4	1.518070	0.658731	3.102446	0.322326	4.709731	0.212326
5	1.685058	0.593451	3.695897	0.270570	6.227801	0.160570
6	1.870415	0.534641	4.230538	0.236377	7.912860	0.126377
7	2.076160	0.481658	4.712196	0.212215	9.783274	0.102215
8	2.304538	0.433926	5.146123	0.194321	11.859434	0.084321
9	2.558037	0.390925	5.537048	0.180602	14.163972	0.070602
10	2.839421	0.352184	5.889232	0.169801	16.722009	0.059801
11	3.151757	0.317283	6.206515	0.161121	19.561430	0.051121
12	3.498451	0.285841	6.492356	0.154027	22.713187	0.044027
13	3.883280	0.257514	6.749870	0.148151	26.211638	0.038151
14	4.310441	0.231995	6.981865	0.143228	30.094918	0.033228
15	4.784589	0.209004	7.190870	0.139065	34.405359	0.029065
16	5.310894	0.188292	7.379162	0.135517	39.189948	0.025517
17	5.895093	0.169633	7.548794	0.132471	44.500843	0.022471
18	6.543553	0.152822	7.701617	0.129843	50.395936	0.019843
19	7.263344	0.137678	7.839294	0.127563	56.939488	0.017563
20	8.062312	0.124034	7.963328	0.125576	64.202832	0.015576
21	8.949166	0.111742	8.075070	0.123838	72.265144	0.013838
22	9.933574	0.100669	8.175739	0.122313	81.214309	0.012313
23	11.026267	0.090693	8.266432	0.120971	91.147884	0.010971
24	12.239157	0.081705	8.348137	0.119787	102.174151	0.009787
25	13.585464	0.073608	8.421745	0.118740	114.413307	0.008740
26	15.079865	0.066314	8.488058	0.117813	127.998771	0.007813
27	16.738650	0.059742	8.547800	0.116989	143.078636	0.006989
28	18.579901	0.053822	8.601622	0.116257	159.817286	0.006257
29	20.623691	0.048488	8.650110	0.115605	178.397187	0.005605
30	22.892297	0.043683	8.693793	0.115025	199.020878	0.005025
35	38.574851	0.025924	8.855240	0.112927	341.589555	0.002927
40	65.000867	0.015384	8.951051	0.111719	581.826066	0.001719
45	109.530242	0.009130	9.007910	0.111014	986.638559	0.001014
50	184.564827	0.005418	9.041653	0.110599	1668.771152	0.000599

8. Tabellenanhang: Die sechs finanzmathematischen Faktoren

	12,00 %					
	AuF	AbF	DSF	KWF	EWF	RVF
n	$(1+i)^n$	$(1+i)^{-n}$	$\dfrac{(1+i)^n - 1}{i(1+i)^n}$	$\dfrac{i(1+i)^n}{(1+i)^n - 1}$	$\dfrac{(1+i)^n - 1}{i}$	$\dfrac{i}{(1+i)^n - 1}$
1	1.120000	0.892857	0.892857	1.120000	1.000000	1.000000
2	1.254400	0.797194	1.690051	0.591698	2.120000	0.471698
3	1.404928	0.711780	2.401831	0.416349	3.374400	0.296349
4	1.573519	0.635518	3.037349	0.329234	4.779328	0.209234
5	1.762342	0.567427	3.604776	0.277410	6.352847	0.157410
6	1.973823	0.506631	4.111407	0.243226	8.115189	0.123226
7	2.210681	0.452349	4.563757	0.219118	10.089012	0.099118
8	2.475963	0.403883	4.967640	0.201303	12.299693	0.081303
9	2.773079	0.360610	5.328250	0.187679	14.775656	0.067679
10	3.105848	0.321973	5.650223	0.176984	17.548735	0.056984
11	3.478550	0.287476	5.937699	0.168415	20.654583	0.048415
12	3.895976	0.256675	6.194374	0.161437	24.133133	0.041437
13	4.363493	0.229174	6.423548	0.155677	28.029109	0.035677
14	4.887112	0.204620	6.628168	0.150871	32.392602	0.030871
15	5.473566	0.182696	6.810864	0.146824	37.279715	0.026824
16	6.130394	0.163122	6.973986	0.143390	42.753280	0.023390
17	6.866041	0.145644	7.119630	0.140457	48.883674	0.020457
18	7.689966	0.130040	7.249670	0.137937	55.749715	0.017937
19	8.612762	0.116107	7.365777	0.135763	63.439681	0.015763
20	9.646293	0.103667	7.469444	0.133879	72.052442	0.013879
21	10.803848	0.092560	7.562003	0.132240	81.698736	0.012240
22	12.100310	0.082643	7.644646	0.130811	92.502584	0.010811
23	13.552347	0.073788	7.718434	0.129560	104.602894	0.009560
24	15.178629	0.065882	7.784316	0.128463	118.155241	0.008463
25	17.000064	0.058823	7.843139	0.127500	133.333870	0.007500
26	19.040072	0.052521	7.895660	0.126652	150.333934	0.006652
27	21.324881	0.046894	7.942554	0.125904	169.374007	0.005904
28	23.883866	0.041869	7.984423	0.125244	190.698887	0.005244
29	26.749930	0.037383	8.021806	0.124660	214.582754	0.004660
30	29.959922	0.033378	8.055184	0.124144	241.332684	0.004144
35	52.799620	0.018940	8.175504	0.122317	431.663496	0.002317
40	93.050970	0.010747	8.243777	0.121304	767.091420	0.001304
45	163.987604	0.006098	8.282516	0.120736	1358.230032	0.000736
50	289.002190	0.003460	8.304498	0.120417	2400.018249	0.000417

9. Literaturverzeichnis (Quellen und weiterführende Literatur)

Chr. von Berg u. H. Wiedling, Wirtschaftlichkeitsrechnung auf dem IBM PC, Wiesbaden 1989.

N. Bröer u. K.-D. Däumler, Investitionsrechnungsmethoden in der Praxis. Eine Umfrage, in: Buchführung, Bilanz, Kostenrechnung (BBK), Herne 1986, Heft 13, S. 709 ff.

K.-D. Däumler, Grundlagen der Investitions- und Wirtschaftlichkeitsrechnung, 6., überarb. Aufl., Herne u. Berlin 1989.

Derselbe, Praxis der Investitions- und Wirtschaftlichkeitsrechnung, 2., vollst. überarb. Aufl., Herne u. Berlin 1988.

Derselbe, Betriebliche Finanzwirtschaft, 4., verb. Aufl., Herne u. Berlin 1988.

Derselbe, Finanzmathematisches Tabellenwerk für Praktiker und Studierende, 3., verb. Aufl., Herne u. Berlin 1989.

Derselbe, Unterjährige Zinsperioden - Finanzmathematisches Tabellenwerk, Herne u. Berlin 1984.

K.-D. Däumler u. J. Grabe, Kostenrechnung 1. Grundlagen, 4., erw. Aufl., Herne u. Berlin 1990.

Dieselben, Kostenrechnung 2. Deckungsbeitragsrechnung, 3., überarb. Aufl., Herne u. Berlin 1989.

Dieselben, Kostenrechnung 3. Plankostenrechnung, 2. Aufl., Herne u. Berlin 1988.

Dieselben, Kalkulationsvorschriften bei öffentlichen Aufträgen, Herne u. Berlin 1984.

H.-W. Grabbe, Investitionsrechnung in der Praxis - Ergebnisse einer Unternehmensbefragung, Köln 1976.

L. Haberstock, Grundzüge der Kosten- und Erfolgsrechnung, 3., verbess. Aufl., München 1982.

S. Hafner, H. Wiedling u. M. Zaslawski, Investitionsplanung auf dem IBM PC, Wiesbaden 1987.

S. Hoffmann, Mathematische Grundlagen für Betriebswirte, 2. Aufl., Herne u. Berlin 1987.

Institut der deutschen Wirtschaft (Hrsg.), Zahlen zur wirtschaftlichen Entwicklung der Bundesrepublik Deutschland, Ausgabe 1989.

H. Kobelt u. P. Schulte, Finanzmathematik. Methoden, betriebswirtschaftliche Anwendungen und Aufgaben mit Lösungen, 4., verb. Aufl., Herne u. Berlin 1987.

9. Literaturverzeichnis

H. Köhler, Finanzmathematik, 2., durchges. u. verb. Aufl., München u. Wien 1987.

D. Schneider, Investition und Finanzierung. Lehrbuch der Investitions-, Finanzierungs- und Ungewißheitstheorie, 5., verb. Aufl., Wiesbaden 1980.

E. Schneider, Wirtschaftlichkeitsrechnung. Theorie der Investition, 8. Aufl., unveränd. Nachdr. d. 7., verb. u. erw. Aufl., Tübingen 1973.

Statistisches Bundesamt (Hrsg.), Statistisches Jahrbuch 1989 für die Bundesrepublik Deutschland, Stuttgart 1989.

U. Wehrle-Streif, Empirische Untersuchung zur Investitionsrechnung, Köln 1989.

ZVEI, ZVEI Schriftenreihe 5, Leitfaden für die Beurteilung von Investitionen, hrsg. v. Betriebswirtschaftlichen Ausschuß des Zentralverbandes der elektrotechnischen Industrie e. V., Frankfurt 1971.

Stichwortverzeichnis

Abzinsungsfaktor (AbF) 35 ff., 160 ff.
Abzinsungssummenfaktor 39 f., 160 ff.
Amortisationskriterium 118
Amortisationsrechnung 117 ff.
  dynamische - 124 ff.
  statische - 117 ff.
Amortisationszeit 118, 121, 125
Annuitätenfaktor 92, 160 ff.
Annuitätenkriterium 99 ff.
Annuitätenmethode 90 ff.
Aufwand 18
Aufzinsungsfaktor (AuF) 32 ff., 160 ff.
Ausgabe 18
Auszahlung 18

Barwert 31, 35
Barwertfaktor 40, 160 ff.
Betriebsertrag 18

Concept of Present Value 45 ff.

Diskontieren 36
Diskontierungsmethode 45 ff.
Diskontierungssummenfaktor (DSF) 39 ff., 160 ff.
Durchschnittsrechnung 119 f.

Effektivverzinsung 63 f.
Einnahme 18
Einzahlung 18
Einzeldiskontierung 54 ff.
Endwert 42 ff.
Endwertfaktor (EWF) 43 ff., 160 ff.
Ertrag 18

Gegenwartswert 31, 35
Gegenwartswertmethode 45 ff.
geometrische Reihe 38 f.
Gewinnbesteuerung 70

Interne Zinsfuß-Methode 63 ff.
Interner Zinsfuß 63 ff.
  Definition des - 64
  Errechnung des - 64 ff.
Internes Zinsfuß-Kriterium 64
Investition
  Anfangs - 12 ff.
  Begriff - 12 ff.
  Bruttoanlage - 10
  Ergänzungs - 12 ff.
  Errichtungs - 12 ff.
  Ersatz - 12 ff.
  Erweiterungs - 12 ff.
  Finanz - 12 ff.
  Gründungs - 12 ff.
  immaterielle - 12 ff.
  kurzfristige - 12 ff.
  langfristige - 12 ff.
  laufende - 12 ff.
  mittelfristige - 12 ff.
  Produktions - 12 ff.
  Rationalisierungs - 12 ff.
  Real - 12 ff.
  Sicherheits - 12 ff.
  Sozial - 12 ff.
Investitionsquote 10 f.
Investitionsrechnung
  Methoden der - 23 ff.
  Notwendigkeit der - 9 ff.
Investitionsrechnungsformular 135 ff.

Kalkulationszinsfuß 25 ff.
Kapitalisierungsfaktor 39 ff., 160 ff.
Kapitalmarktzins 25 ff.
Kapitalrückflußrechnung 117 ff.
Kapitalwert 46 ff.
Kapitalwertkriterium 44 ff.
Kapitalwertkurve 48 ff.
Kapitalwertmethode 23, 30 ff.

Stichwortverzeichnis

Kapitalwiedergewinnungsfaktor (KWF) 91 ff., 160 ff.
Kosten 18
Kostenrechnung 20 ff.
Kumulationsrechnung 120 ff.

Zahlungsreihe 15
Zeitstrahl 15
Zweizahlungsfall 47 ff., 78 ff.

Mindestverzinsungsanforderung 25
Mischzinssatz 26

pay-back-Rechnung 117 ff.
pay-off-Rechnung 117 ff.
pay-out-Rechnung 117 ff.
Preissteigerungen 70
Present-Worth-Methode 45 ff.

Rationalisierungsinvestitionen 12 ff., 119
Rechnungselemente 12 ff., 17 ff.
Regula falsi 74 ff.
Rendite 63 ff.
Restwert
 anteiliger - 101 ff.
Restwertverteilungsfaktor 97 ff., 160 ff.

Sehnenverfahren 74 ff.

Tabellen der Faktoren 160 ff.

Verrentungsfaktor 91 ff., 160 ff.
Vorteilhaftigkeit 11 f.
 absolute - 11 f.
 relative 11 f.